LE MIRAGE DE LA CROISSANCE VERTE

ANTHONY AUFFRET

DELCOURT

* WWW.ELYSEE.FR/FRONT/PDF/ELYSEE-MODULE-15714-FR.PDF

ÉTEIGNEZ LA TÉLÉ !
PAPA ?
DOC ?
VOUS ALLEZ BIEN ?
T'AS PENSÉ À FAIRE LES COURSES ?
PLUS TARD ! ON A UN PROBLÈME À RÉGLER AVANT !
DITES, VOUS POURREZ M'EMMENER DANS LE FUTUR AVEC VOUS, LA PROCHAINE FOIS ?
QU'EST-CE QUE TU RACONTES ? IL N'Y A PLUS DE FUTUR POSSIBLE !
JE T'AVAIS DIT D'ARRÊTER DE VOYAGER, T'AS VU DANS QUEL ÉTAT TU REVIENS ?
ET PUIS, ARRÊTEZ DE VOUS FAIRE DE LA BILE...
ON VA ENFIN RÉSOUDRE LES PROBLÈMES DU CLIMAT.
LES RÉGLER ? COMMENT ÇA ?
VOUS N'AVEZ PAS ENTENDU ?
NOUS ALLONS ADAPTER NOTRE ÉCONOMIE AUX ENJEUX CLIMATIQUES !
PARCE QUE TU CROIS QUE ÇA VA SUFFIRE ?
ÉVIDEMMENT...
GRÂCE À L'INNOVATION TECHNOLOGIQUE.

POUR LIMITER LA HAUSSE DES TEMPÉRATURES, ON DOIT STOPPER NOTRE CONSOMMATION D'ÉNERGIES FOSSILES.
VOUS VENEZ ?
?
BONJOUR, ARNAUD.
VOUS POUVEZ EXPLIQUER À DOC ET CAROLINE COMMENT DÉCARBONER NOTRE ÉCONOMIE ?
FACILE, EN INVESTISSANT DANS LES ÉNERGIES PROPRES...
ET RENOUVELABLES !
ÉNERGIE VERTE
QUI DIT NOUVELLES ÉNERGIES, DIT INVESTISSEMENT ET TRANSFORMATION DE NOTRE ÉCONOMIE.
PIB
CROISSANC
5%
PÉTROLE
NOUS ALLONS DEVOIR CHANGER NOS MOYENS DE TRANSPORT, INVESTIR DANS DES TECHNOLOGIES INNOVANTES...
... ET PLUS RESPECTUEUSES DE L'ENVIRONNEMENT.
VOILÀ !
TOUS CES CHANGEMENTS SERONT POSITIFS !
ET C'EST LOGIQUE !
MODIFIER NOTRE ÉCONOMIE VA APPORTER DE LA CROISSANCE.

UN EXEMPLE.
ÉLISABETH BORNE, MINISTRE DE LA TRANSITION ÉCOLOGIQUE ET SOLIDAIRE (JUILLET 2019, JUILLET 2020).
D'ICI À 2035, L'AVION DEVRA ÉMETTRE ZÉRO CARBONE.
ON POURRAIT PAS ALIMENTER NOS APPAREILS AVEC DES BATTERIES ?
PAS RENTABLE...
EN PLUS, ÇA ALOURDIRAIT L'AVION.
ET EN REMPLAÇANT LE KÉROSÈNE PAR DE L'HYDROGÈNE ?
LE PROBLÈME AUJOURD'HUI, C'EST QUE L'HYDROGÈNE EST SURTOUT FABRIQUÉ À PARTIR D'HYDROCARBURE...
ET EN ATTENDANT DE TROUVER UNE SOLUTION, SI ON COMPENSAIT NOS ÉMISSIONS EN PLANTANT DES ARBRES ?
EXCELLENT, JEAN-MICHEL !
MALIN !
ET QUAND LA CROISSANCE EST LÀ...
LE CHÔMAGE BAISSE.
ET LE POUVOIR D'ACHAT AUGMENTE !

DITES, C'EST NORMAL SI ON TOMBE ?
RASSUREZ-VOUS, ÇA FINIT TOUJOURS PAS REMONTER.
ICI VOTRE COMMANDANT... NOUS TRAVERSONS ACTUELLEMENT UNE ZONE DE TURBULENCE.
LA SITUATION EST SOUS CONTRÔLE.
SURTOUT, GARDEZ VOTRE CALME.
AAAAAH !!!
CRACK
Forêt durable pour un avenir radieux
J'COMPRENDS PAS... QU'EST-CE QUI S'EST PASSÉ ?
VOUS ALLEZ M'ÉCOUTER, MAINTENANT ?!

C'EST QUOI, LA CROISSANCE ?

QU'EST-CE QUE TU VEUX QUE JE FASSE DE CETTE LISTE D'INTERDITS ?
L'AVION, LA VIANDE, LA VOITURE... TU PEUX M'EXPLIQUER ?
C'EST POUR VOTRE BIEN !
JE NE COMPRENDS PAS, DOC... SI LA TERRE DEVIENT INVIVABLE DANS LE FUTUR, INVENTEZ UNE MACHINE POUR RÉSOUDRE LE PROBLÈME !
J'AI DÉJÀ ESSAYÉ, FIGURE-TOI !
VOICI PIB, MON ASSISTANT SPÉCIALISTE DES QUESTIONS D'ÉCOLOGIE.
J'AI SOIF, DOCTEUR...
PIB VA VOUS EXPLIQUER LA COMPLEXITÉ DU PROBLÈME...
LA CROISSANCE N'AURA PLUS DE SECRET POUR VOUS.
JE POURRAI BOIRE, APRÈS ?
CROISSANCE ?
PIB ?
C'EST QUOI LE RAPPORT AVEC LE CLIMAT ?
FACILE.

QUAND ON PARLE DE CROISSANCE ÉCONOMIQUE, IL FAUT ENTENDRE AUGMENTATION DU PIB.

LE PIB EST UN INDICATEUR QUI MESURE LA VALEUR DE TOUS LES BIENS ET SERVICES PRODUITS PAR UN PAYS.

TRANSFORMER UN ARBRE EN MEUBLE SUÉDOIS...

VENDRE DES SARDINES SUR LE MARCHÉ...

OU ENSEIGNER L'ALLEMAND AU COLLÈGE.

LA SOMME DE L'ENSEMBLE DES BIENS ET SERVICES PRODUITS PAR CES ACTIVITÉS DÉTERMINE LA VALEUR DU PIB.

* INSTITUT NATIONAL DE LA STATISTIQUE ET DES ÉTUDES ÉCONOMIQUES.

ET POUR CONNAÎTRE LE TAUX DE CROISSANCE, ON MESURE SON ÉVOLUTION D'UNE ANNÉE SUR L'AUTRE.

À CE JOUR, LE PIB EST LE PRINCIPAL INDICATEUR DU SUCCÈS ÉCONOMIQUE D'UN PAYS.

COMME LE NÉNUPHAR, NOTRE ÉCONOMIE SE CARACTÉRISE PAR SA CROISSANCE EXPONENTIELLE.

À CET INSTANT, NOTRE PIB SEMBLE AVOIR TOUTES LES VERTUS.
COMMENT COMPTEZ-VOUS RÉDUIRE LE CHÔMAGE ?
EN RELANÇANT LA CROISSANCE.
ET LE POUVOIR D'ACHAT ?
LA CROISSANCE.
FINANCER LES RETRAITES ?
LA CROISSANCE.
L'HÔPITAL ?
LA CROISSANCE...
ET POUR REMONTER DANS LES SONDAGES ?
TV
LA CROISSANCE ?
UNE CROISSANCE EN HAUSSE, C'EST L'ESPOIR DE VOIR SES REVENUS AUGMENTER.
LA CROISSANCE, J'IRAI LA CHERCHER AVEC LES DENTS !
MAIS QUAND CELLE-CI TARDE À REVENIR, LE POUVOIR D'ACHAT BAISSE...
J'EN AI RETROUVÉ UNE, MONSIEUR LE PRÉSIDENT !
F'UIS... ÉSOLÉ, ON FA DEFOIR REPOUSSER L'ÂGE DES ET'AITES.
BREF, C'EST LA CRISE...

MALGRÉ SES QUALITÉS, LE PIB N'EST PAS SANS DÉFAUTS.

D'ABORD, LA CALCULATRICE NE CONNAÎT QUE LA TOUCHE "+".

EN PRATIQUE, CELA REVIENT À ADDITIONNER DES CAROTTES ET DES CHOUX...

DANS SON CALCUL, LE PIB NE FAIT PAS LA DIFFÉRENCE ENTRE UNE ACTIVITÉ UTILE..

... ET UNE ACTIVITÉ AU BÉNÉFICE PLUS... DISCUTABLE.

ON POURRAIT ENCORE PRÉCISER QUE LE PIB NE DIT RIEN DES INÉGALITÉS D'UN PAYS...

... OU QU'IL IGNORE DES PARAMÈTRES COMME LE NIVEAU D'ÉDUCATION OU LE BIEN-ÊTRE...

ON POURRAIT AUSSI AJOUTER QUE LE PIB NE SAIT PAS COMPTABILISER LES ACTIVITÉS NON MONÉTISÉES...

LE PLUS GROS DÉFAUT DU PIB EST SON INCAPACITÉ À DONNER UNE VALEUR À LA NATURE.

SELON NOTRE MODÈLE ÉCONOMIQUE, LES RESSOURCES NATURELLES SONT GRATUITES.

JE COMPRENDS PAS...
COMMENT ON PEUT DIRE QUE LA NATURE EST GRATUITE ?
BIEN SÛR... L'AIR, L'EAU... MÊME LES FRAISES DES BOIS NE VALENT RIEN DANS NOTRE SYSTÈME ÉCONOMIQUE...
IL SUFFIT DE SE BAISSER POUR LES AVOIR !
SI JE PRENDS L'EXEMPLE DU POISSON... LE PRIX D'UNE SARDINE VARIE EN FONCTION DES MARGES QUE S'ACCORDE CHACUN DES ACTEURS, DU PÊCHEUR JUSQU'AU POISSONNIER.
SUPER M
MAIS À QUEL MOMENT QUELQU'UN A DÛ PAYER LE PROPRIÉTAIRE DES SARDINES ?
MONSIEUR ?
NEPTUNE...
JE VOUS PASSE LA FACTURE...
L'UN DE VOUS S'EST SERVI DANS MON FRIGO LA NUIT DERNIÈRE.
C'EST PARCE QUE LES RESSOURCES NATURELLES NE PRENNENT DE VALEUR QU'UNE FOIS INTÉGRÉES DANS LE SYSTÈME ÉCONOMIQUE.
UN ARBRE A SOUVENT PLUS DE VALEUR MORT QUE VIVANT.
ET AUCUN PÉTROLIER N'INCLUT LE COÛT DE FABRICATION DU PÉTROLE DANS LE PRIX D'UN LITRE D'ESSENCE !
PRIX DU PÉTROLE BRUT 33%
RAFFINAGE 3%
DISTRIBUTION 7%
TAXES 57%

LE SYSTÈME ÉCONOMIQUE EST UNE IMMENSE MACHINE À TRANSFORMER MAIS COMME ON COMMENCE À L'APERCEVOIR, LE PIB N'EN A QU'UNE REPRÉSENTATION INCOMPLÈTE.

LE PIB NE PRÉCISE RIEN DU PATRIMOINE OU DES RICHESSES ÉCOLOGIQUES D'UN PAYS...

... NI COMMENT CES ACTIFS ÉVOLUENT.

CERTAINES ACTIVITÉS PEUVENT AMENER DES COÛTS SUPÉRIEURS AUX GAINS QU'ELLES GÉNÈRENT.

D'AUTRES, EN CONSOMMANT DES RESSOURCES NATURELLES POUR GRANDIR, PEUVENT DÉTRUIRE DU CAPITAL NON RENOUVELABLE.

MAIS LE PLUS GROS PROBLÈME DU PIB, C'EST SA DÉPENDANCE À L'ÉNERGIE.

COMME LES MACHINES TRAVAILLENT POUR LE SYSTÈME ÉCONOMIQUE, ELLES ONT BESOIN D'ÉNERGIE POUR TRANSFORMER LES RESSOURCES NATURELLES ET CRÉER DE LA RICHESSE.

AINSI, DEPUIS LA RÉVOLUTION INDUSTRIELLE, LE PIB DÉPEND ESSENTIELLEMENT DU PARC DE MACHINES.

AUJOURD'HUI, LE PIB EST CORRÉLÉ À LA CONSOMMATION D'ÉNERGIE. POUR CRÉER DE LA RICHESSE, IL SUFFIT D'ALIMENTER PLUS DE MACHINES.

PRENONS UN INSTANT POUR ÉTUDIER LA CONSOMMATION MONDIALE D'ÉNERGIE PRIMAIRE. COMME LES MACHINES SONT DÉLICATES, LA PLUPART DE CES ÉNERGIES ONT BESOIN D'ÊTRE TRANSFORMÉES AVANT D'ÊTRE UTILISÉES.

AUJOURD'HUI, 80% DE L'ÉNERGIE PRIMAIRE UTILISÉE DANS LE MONDE EST D'ORIGINE CARBONÉE.

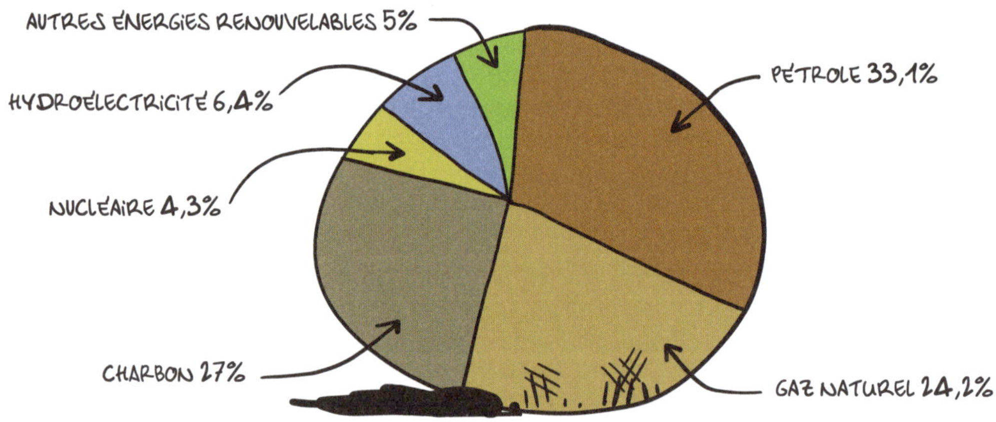

CONSOMMATION MONDIALE DES ÉNERGIES PRIMAIRES EN 2019

TOUS LES PAYS SONT DÉPENDANTS DE CES ÉNERGIES FOSSILES.

BIEN SÛR, CES ÉNERGIES ONT DE NOMBREUSES QUALITÉS...
CE TRIP...
... MAIS ELLES ONT AUSSI UN IMMENSE DÉFAUT.
ELLES NE SONT PAS RENOUVELABLES ?
ELLES SENTENT MAUVAIS ?
LEUR COMBUSTION RELÂCHE DES TONNES DE CO2.
HEIN ?!
LE DIOXYDE DE CARBONE EST L'UN DES PRINCIPAUX GAZ RESPONSABLES DE L'EFFET DE SERRE, MAIS SA CONCENTRATION NE CESSE D'AUGMENTER À CAUSE DES ACTIVITÉS HUMAINES.
1 LE RAYONNEMENT SOLAIRE TRAVERSE EN PARTIE L'ATMOSPHÈRE.
CO2
CH4
2 LA TERRE S'ÉCHAUFFE ET RAYONNE À SON TOUR.
CHAUD.
3 UNE PARTIE DE CE RAYONNEMENT EST PIÉGÉE PAR LES GAZ À EFFET DE SERRE.
NOTRE CROISSANCE EST DÉPENDANTE DE CES ÉNERGIES BON MARCHÉ.
EN L'ÉTAT, VOULOIR AUGMENTER INDÉFINIMENT NOTRE PIB, C'EST PRENDRE LE RISQUE DE PERCUTER UN MUR...
BOOM!
VERS L'INFINI ET AU-DE...
... OU LE PLAFOND...

VOUS SAVEZ MAINTENANT POURQUOI NOUS DEVONS FAIRE LE DEUIL DE LA CROISSANCE.
PAPA, C'EST QUOI CES ARGUMENTS ?!
TU DOUTES ENCORE DE MOI ?
C'EST PAS PARCE QUE PIB SE GOINFRE QUE TOUT LE MONDE DOIT SE METTRE À LA DIÈTE !
POUSSEZ-VOUS !
?
T'AS COMMANDÉ QUOI ?
D'APRÈS LA NOTICE, CE ROBOT EST LA SOLUTION POUR DÉCARBONER NOTRE ÉCONOMIE.
ON DIRAIT UNE VULGAIRE CONTREFAÇON.
ÇA N'A RIEN À VOIR.
CE ROBOT CARBURE À LA CROISSANCE VERTE.
NOUS ALLONS FAIRE DU BON TRAVAIL ENSEMBLE.
ALORS, DOC... IMPRESSIONNÉ ?
QU'EST-CE QU'IL A DE PLUS QUE MOI ?

LA CROISSANCE VERTE CONSISTE À PROMOUVOIR UN DÉVELOPPEMENT ÉCONOMIQUE SOUTENABLE SUR LE LONG TERME SANS ALTÉRER LE CAPITAL NATUREL ET LA BIODIVERSITÉ.

AUJOURD'HUI, ELLE SOUTIENT L'INNOVATION ET LA PRODUCTION DE RICHESSES AFIN DE RÉDUIRE LES INÉGALITÉS ET LA POLLUTION...

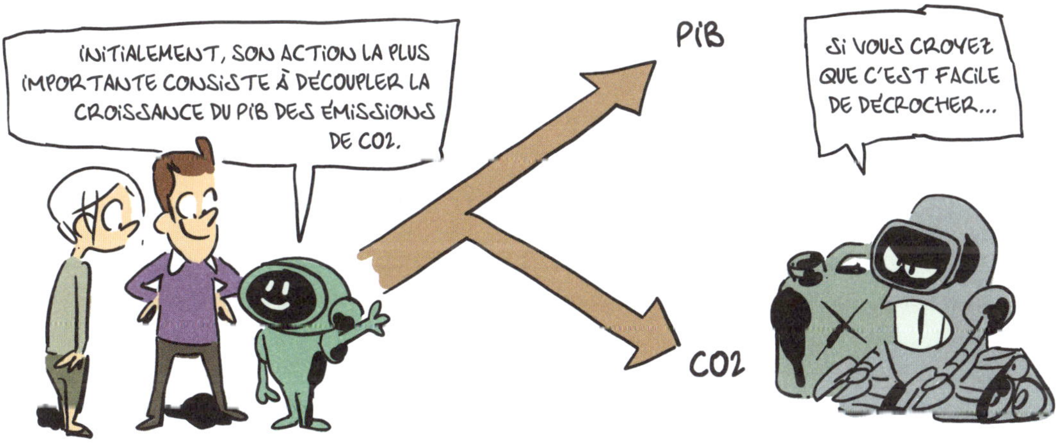

GRÂCE À LA CROISSANCE VERTE, NOUS POURRONS CONTINUER À PRODUIRE, CONSOMMER ET NOUS DÉPLACER TOUJOURS PLUS !

NOTRE CROISSANCE EST-ELLE DURABLE ?

ALORS ?
J'ENTENDS RIEN...
ON DEVRAIT PEUT-ÊTRE LUI PARLER, NON ?
TU CROIS ?
TU AS VU SA RÉACTION ?
TU LUI AS MONTRÉ UN ROBOT PLUS SOPHISTIQUÉ QUE PIB !
REFLECHIS... ÇA LUI A FAIT UN CHOC.
IL M'EN VOUDRAIT POUR ÇA ?
ÉCOUTE, C'ÉTAIT UNE EXCELLENTE IDÉE...
AU MOINS, ON NE L'ENTEND PLUS DIRE QUE LE MONDE VA S'ÉCROULER !
DOCTEUR, DITES-MOI LA VÉRITÉ...
C'EST VRAI QUE JE SUIS OBSOLÈTE ?
QU'EST-CE QUE TU RACONTES ?

C'EST POURTANT ÉVIDENT...
TU T'APPUIES SUR UNE CONSOMMATION DÉRAISONNÉE DE RESSOURCES NATURELLES...
EN PLUS, TU RELÂCHES PLEIN DE GAZ À EFFET DE SERRE...
IL EST INCONTESTABLE QUE TA CROISSANCE NE VA PAS DURER.
PARCE QUE TOI, TU PENSES CROÎTRE INDÉFINIMENT, PEUT-ÊTRE ?
BIEN SÛR, C'EST ÉCRIT DANS MON MODE D'EMPLOI.
NOTRE CROISSANCE EXPONENTIELLE IMPLIQUE DE PRODUIRE TOUJOURS PLUS.
JUSQU'À MAINTENANT, NOUS AVONS FAIT REPOSER NOTRE ÉCONOMIE SUR LA CONSOMMATION DE MATIÈRE ET D'ÉNERGIE.
ET SI CERTAINES DE CES RESSOURCES SONT RENOUVELABLES...
... D'AUTRES SONT EN QUANTITÉ FINIE.
CETTE FINITUDE DES RESSOURCES EST LE PREMIER ASPECT SUSCEPTIBLE DE LIMITER LA CROISSANCE.
TU FAIS QUOI, LÀ ?
DES RÉSERVES !

LE DEUXIÈME PHÉNOMÈNE SUSCEPTIBLE DE LIMITER LA CROISSANCE TOUCHE LES ÉCONOMIES DÉVELOPPÉES.

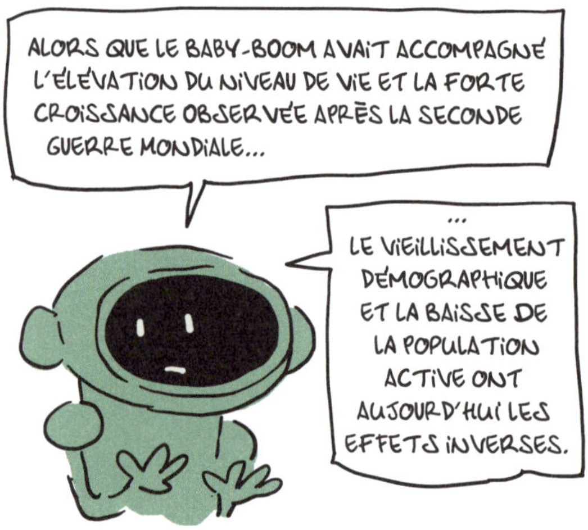

NOS ÉCONOMIES ABONDAMMENT POURVUES EN BIENS ET EN SERVICES VOIENT LEUR CROISSANCE SE TARIR...

AUJOURD'HUI, MALGRÉ DES LOCOMOTIVES COMME LA CHINE, LA CROISSANCE MONDIALE SEMBLE RALENTIR.

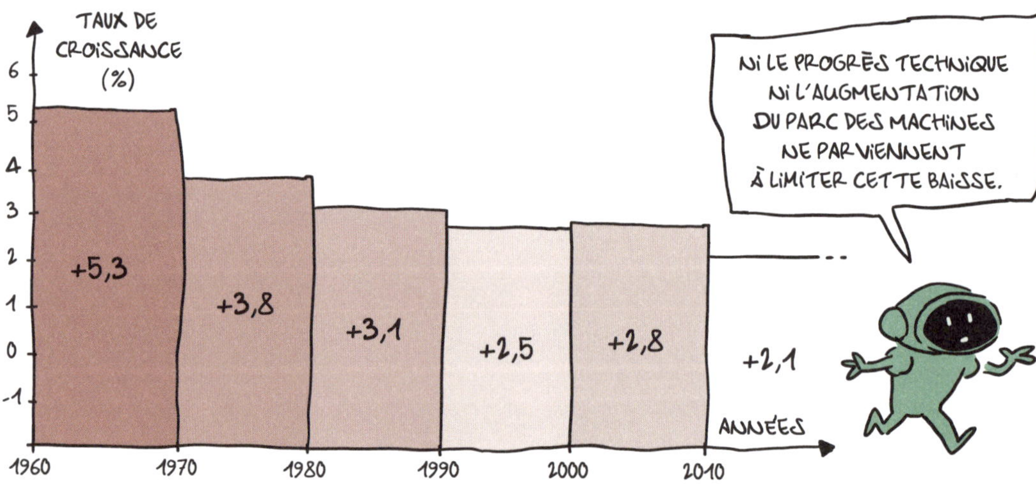

À DE RARES EXCEPTIONS, TOUS LES PAYS SONT CONCERNÉS... LEUR TAUX DE CROISSANCE BAISSE RÉGULIÈREMENT... COMME SI LA SOURCE QUI ALIMENTAIT LEUR PIB SE TARISSAIT.

À TERME, LE PIB MONDIAL POURRAIT NE PLUS PROGRESSER.

ENFIN, COMME LA CROISSANCE NE PRÉCISE PAS DANS QUELLE DIRECTION ELLE VA, D'AUTRES PHÉNOMÈNES LA MENACENT...
?
TU SENS PAS COMME UNE PRÉSENCE ?
LE TRAVAIL HUMAIN REMPLACÉ PAR CELUI DES MACHINES...
HUIT ANS D'ÉTUDES ET FINIR PAR SE FAIRE REMPLACER PAR UNE BOÎTE DE CONSERVE...
JE PEUX VOUS PRESCRIRE DE LA VITAMINE C, SI VOUS LE DÉSIREZ ?
L'ACCROISSEMENT DES INÉGALITÉS...
ME LAISSE PAS TOMBER !
BONNE CHANCE !
OU L'INCAPACITÉ DU PIB À GÉNÉRER DU MIEUX-ÊTRE PASSÉ UN CERTAIN NIVEAU DE RICHESSE...
VOUS VOULEZ DIRE QUE MULTIPLIER SA FORTUNE PAR DEUX NE REND PAS FORCÉMENT DEUX FOIS PLUS HEUREUX ?
CES PHÉNOMÈNES S'ADDITIONNENT ET MENACENT LA COHÉSION SOCIALE. DÉSORMAIS, LA CROISSANCE SANS BUT EST REMISE EN CAUSE.
Récession
ARCADIE
C'EST PAR OÙ LA SORTIE ?
PAR ICI !
PAYS IMAGINAI
Croissanc
VOUS ME SUIVEZ ?

UNE MINUTE ! OÙ CROYEZ-VOUS ALLER COMME ÇA ?
VERS LA CROISSANCE VERTE.
NE ME DIS PAS QUE TU BOUDES ENCORE ?
JE DOIS VOUS LE DIRE EN QUELLE LANGUE ?
LA CROISSANCE MATÉRIELLE INFINIE DANS UN MONDE FINI MÈNE À LA CATASTROPHE !
BIEN SÛR QUE NON.
C'EST PAS POSSIBLE D'ÊTRE AUSSI BORNÉ !
QU'EST-CE QUE VOUS ATTENDEZ ?
VOUS VENEZ ?
OÙ ÇA ?

?
ON EST OÙ, DOC ?
DÉPÊCHEZ-VOUS, ON NOUS ATTEND !
ON EST ENCORE SUR TERRE ?
SUR NAURU.
NAURU ?
UN CAILLOU AU MILIEU DU PACIFIQUE...
SITUÉE AU LARGE DE L'AUSTRALIE, NAURU EST UNE ÎLE QUI S'EST ENRICHIE EN EXPLOITANT SES RÉSERVES DE PHOSPHATE, UN MINERAI ESSENTIEL À LA FABRICATION DES ENGRAIS.
JE PEUX SAVOIR CE QUE VOUS FAITES ?
À TON AVIS ?

EN 1974, GRÂCE À UNE PRODUCTION RECORD, LES BÉNÉFICES EXPLOSENT. NAURU POSSÈDE ALORS L'UN DES PIB PAR HABITANT LES PLUS ÉLEVÉS DE LA PLANÈTE.

LES REVENUS ASSOCIÉS AU PHOSPHATE PERMETTENT À L'ÎLE ET SES HABITANTS D'EN TIRER PROFIT.

MAIS À PARTIR DES ANNÉES QUATRE-VINGT-DIX, LA PRODUCTION S'EFFONDRE...

ENDETTÉ, L'ÉTAT DOIT COUPER DANS SES BUDGETS ET REVENDRE SES ACTIFS.

LE REVENU MOYEN PAR HABITANT S'ÉCROULE.

AUTREFOIS RICHE DE SES RESSOURCES NATURELLES, L'ÎLE A PERDU SES FORÊTS, SON PHOSPHATE...

... ET SON AVENIR...

NAURU A CERTES GÉNÉRÉ DES REVENUS MAIS CETTE CRÉATION DE RICHESSE ÉTAIT TEMPORAIRE.

C'EST LE TALON D'ACHILLE DES ÉCONOMIES QUI CRÉENT DE LA RICHESSE EN S'APPUYANT SUR L'EXTRACTION ET LA TRANSFORMATION D'UNE RESSOURCE...

VOUS ÊTES QUI ?
MOI ?
DENNIS MEADOWS.
VOUS N'ALLEZ PAS ME CROIRE, J'ÉTAIS DANS MON SALON...
ET LA SECONDE D'APRÈS, J'ÉTAIS SUR CETTE PLAGE !
OUI, C'EST INCROYABLE...
DITES, PENDANT QUE VOUS ÊTES LÀ, VOUS POURRIEZ NOUS ÉCLAIRER UN PEU SUR VOS TRAVAUX ?
MAINTENANT ?
ATTENDEZ...
LE CAFÉ, AVEC OU SANS SUCRE ?
L'HISTOIRE DÉBUTE EN 1970. À L'ÉPOQUE, LES PAYS LES PLUS INDUSTRIALISÉS CONNAISSENT UNE FORTE CROISSANCE ÉCONOMIQUE.
C'ÉTAIT LE BON TEMPS...
AU MÊME MOMENT, UN GROUPE DE RÉFLEXION COMPOSÉ DE DÉCIDEURS ET DE SCIENTIFIQUES S'INTERROGE...
CLUB DE ROME
CES DERNIERS COMMANDENT À DES CHERCHEURS DU MASSACHUSETTS INSTITUTE OF TECHNOLOGY UN RAPPORT PUBLIÉ EN 1972 : LE RAPPORT MEADOWS.

DEPUIS LA FIN DE LA SECONDE GUERRE MONDIALE, LA POPULATION MONDIALE AVAIT DOUBLÉ...
... ET LA CROISSANCE ÉCONOMIQUE EXIGEAIT TOUJOURS PLUS DE RESSOURCES NATURELLES...
DANS LE MÊME TEMPS, NOURRIR LA POPULATION DEMANDAIT PLUS DE SURFACES AGRICOLES ALORS QUE LA POLLUTION ENGENDRÉE PAR NOS ACTIVITÉS MENAÇAIT LA PRODUCTION ALIMENTAIRE.
L'IDÉE ÉTAIT D'INTÉGRER TOUS CES ÉLÉMENTS DANS UN MODÈLE MATHÉMATIQUE SIMULANT NOTRE SYSTÈME AFIN DE VOIR COMMENT ILS INTERAGISSAIENT.
J'ENTRE LA DÉMOGRAPHIE.
LA CROISSANCE ÉCONOMIQUE.
LA POLLUTION.
LA SUPERFICIE CULTIVABLE.
LES RESSOURCES RESTANTES.
VOUS VOULEZ PAS PLUTÔT JOUER À PONG ?
IL VA METTRE LONGTEMPS À CALCULER ?
NON, J'AI FINI.
ALORS ?
GAME OVER.
COMMENT ÇA, "GAME OVER" ?
VOUS VOULEZ REJOUER ?

ALORS QUE LA COURBE DE POPULATION AUGMENTAIT EN MÊME TEMPS QUE CELLES DES PRODUCTIONS INDUSTRIELLES OU ALIMENTAIRES, ON OBSERVAIT LEUR CHUTE BRUTALE AU MILIEU DU XXIE SIÈCLE.

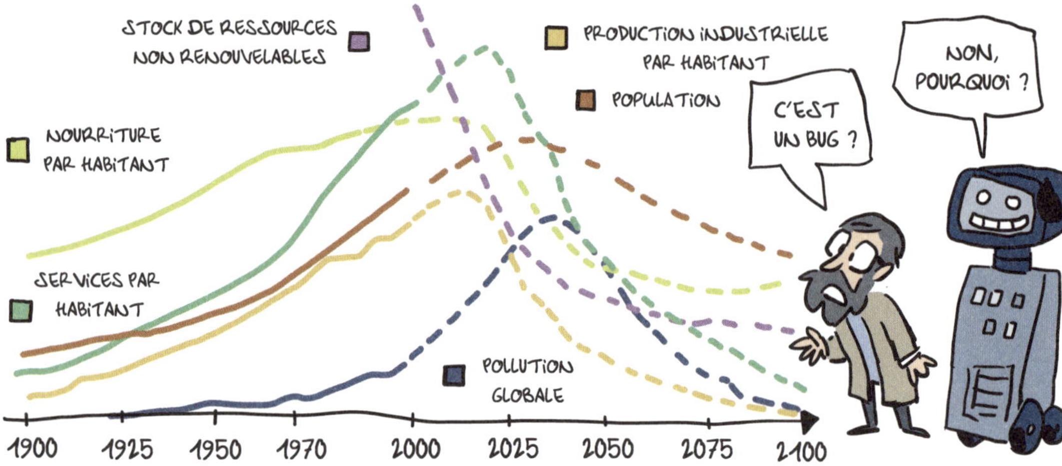

LA CROISSANCE ÉCONOMIQUE GÉNÉRAIT UNE POLLUTION QUI FINISSAIT PAR AFFECTER LA POPULATION ET L'ÉCONOMIE.

OU AFFAMAIT CEUX QUI S'EN NOURRISSAIENT...

MAIS POUR SE PRÉMUNIR DE CETTE CATASTROPHE, ENCORE FALLAIT-IL SAVOIR COMMENT L'ÉVITER.

NI LA QUANTITÉ DE RESSOURCES DISPONIBLES NI LE PROGRÈS TECHNIQUE NE PROTÉGEAIENT D'UN EFFONDREMENT.

À SA SORTIE, LE RAPPORT A ÉTÉ VIVEMENT CRITIQUÉ. ON LUI REPROCHAIT NOTAMMENT DE NE PAS PRENDRE SUFFISAMMENT EN COMPTE LE PROGRÈS TECHNOLOGIQUE.
ALORS ?
C'EST RIDICULE, QUAND UNE RESSOURCE VIENT À MANQUER, C'EST L'INNOVATION QUI PERMET DE TROUVER UN SUBSTITUT.
C'EST LE RECOURS AU CHARBON QUI SAUVE LA FORÊT ANGLAISE ET PERMET DE RÉALISER LA RÉVOLUTION INDUSTRIELLE.
LES POPULATIONS DE BALEINES NE SUFFISENT PLUS POUR FOURNIR DE L'HUILE NÉCESSAIRE À L'ÉCLAIRAGE ?
EXPLOITER LE PÉTROLE NOUS A PERMIS DE DÉVELOPPER LA VOITURE...
ET DE SAUVER LES BALEINES...
MAIS C'EST AUSSI L'INNOVATION QUI AMÉLIORE LES RENDEMENTS AGRICOLES :
RENDEMENT DE BLÉ EN FRANCE
2,5 TONNES DE BLÉ PAR HECTARE EN 1950
7 TONNES PAR HECTARE EN 1990
VOUS VOYEZ, L'ABONDANCE EST PARTOUT !
POURQUOI DEVRIONS-NOUS NOUS INQUIÉTER ?
ET VOTRE AVIS SUR CE RAPPORT ?
LES INGÉNIEURS NE DEVRAIENT PAS SE MÊLER D'ÉCONOMIE.

LA PUBLICATION DU RAPPORT A FAIT RESSURGIR LA VIEILLE QUERELLE ENTRE CORNUCOPIENS ET PROPHÈTES DE L'APOCALYPSE.

UN CORNUCOPIEN, DU LATIN CORNUS COPIAE, CORNE D'ABONDANCE EN FRANÇAIS, PENSE QUE L'INNOVATION PERMETTRA DE REPOUSSER LES LIMITES PHYSIQUES DE LA PLANÈTE.

LE CORNUCOPIEN PENSE QUE LA CROISSANCE EST BONNE ET QUE L'UNIVERS ENTIER S'OFFRE À LUI.

À L'INVERSE, LE PROPHÈTE PENSE QUE LE MODÈLE DE CROISSANCE ÉCONOMIQUE QUE NOUS AVONS INITIÉ DURANT LES TRENTES GLORIEUSES NE PEUT MENER QU'À L'EFFONDREMENT.

CETTE QUERELLE S'EST INCARNÉE EN 1980 DANS UN PARI ENTRE L'ÉCONOMISTE JULIAN SIMON ET LE BIOLOGISTE PAUL EHRLICH.
À TON AVIS, PILE OU FACE ?
PILE ?
SIMON PENSAIT QUE GRÂCE AU PROGRÈS TECHNOLOGIQUE, LE PRIX DES RESSOURCES NE CESSERAIT DE DIMINUER...
C'EST LOGIQUE, LES RESSOURCES MINIÈRES SONT DE PLUS EN PLUS ABONDANTES.
ON TROUVE DES GISEMENTS TOUS LES JOURS ET L'INNOVATION AMÉLIORE SANS CESSE LES TECHNIQUES D'EXTRACTION.
SI LES PRIX BAISSENT, C'EST BIEN LA PREUVE QU'ON NE RISQUE PAS LA PÉNURIE !
EHRLICH PENSAIT AU CONTRAIRE QUE LE PRIX DES MATIÈRES PREMIÈRES AUGMENTERAIT À CAUSE DE LEUR RARÉFACTION...
LES MINERAIS SONT DE MOINS EN MOINS CONCENTRÉS...
IL FAUT CREUSER TOUJOURS PLUS PROFONDÉMENT.
LE PARI CONSISTAIT À MISER SUR LA HAUSSE OU LA BAISSE DU PRIX D'UNE LISTE DE MÉTAUX.
FACE !
DIX ANS PLUS TARD, EHRLICH DUT RECONNAÎTRE SA DÉFAITE.
L'ENSEMBLE DES MÉTAUX AVAIT VU LEUR PRIX BAISSER. L'ABONDANCE ÉTAIT PARTOUT !
WOUHOU !
MAIS CETTE VICTOIRE DONNAIT-ELLE POUR AUTANT RAISON À SIMON ?

DANS NOTRE SYSTÈME ÉCONOMIQUE, QUAND UNE RESSOURCE DEVIENT RARE, LE MARCHÉ S'ORGANISE POUR EN AUGMENTER LE PRIX OU POUR TROUVER DES SOLUTIONS DE REMPLACEMENT.
DOCTEUR JONES...
LE GRAAL A DISPARU !
L'INNOVATION PERMET DE REMPLACER DES RESSOURCES ÉPUISÉES PAR D'AUTRES DE MOINS BONNE QUALITÉ MAIS PLUS ABONDANTES.
QU'EST-CE QU'IL A FAIT ?
VOUS OUVREZ UNE BOUTIQUE ?
CHINA
LE PRIX S'ÉTABLIT ALORS EN FONCTION DE L'OFFRE ET DE LA DEMANDE...
ALLEZ, ON EN PROFITE... DEUX POUR LE PRIX D'UN !
DÉSTOCKAGE
POUR LES RESSOURCES NATURELLES, LA RÉALITÉ EST UN PEU PLUS COMPLEXE.
COMME ELLES SONT THÉORIQUEMENT GRATUITES, IL SUFFIT DE SE BAISSER POUR LES RAMASSER.
SAPERLIPOPETTE, NE SERAIT-CE PAS DE LA KRYPTONITE AUTOUR DE MOI ?
LEUR PRIX DÉPEND DE FACTEURS COMME LEUR ACCESSIBILITÉ.
COMBIEN ME FAUT-IL DE CAPITAL ET D'ÉNERGIE POUR EN EXTRAIRE UNE UNITÉ ?
OU ENCORE DE LA QUANTITÉ EXTRAITE QUE JE FAIS ENTRER DANS L'ÉCONOMIE.
UN MILLION POUR QUELQUES GRAMMES ?!
VOUS VOULEZ BATTRE SUPERMAN, OUI OU NON ?
MAIS C'EST DU VOL !

AINSI, LE PRIX BAISSE QUAND UNE NOUVELLE TECHNOLOGIE EST CAPABLE DE FAIRE BAISSER LE COÛT D'EXPLOITATION.

À L'INVERSE, LE PRIX AUGMENTE QUAND LE PROGRÈS TECHNOLOGIQUE NE PARVIENT PLUS À COMPENSER LA BAISSE DE CONCENTRATION DU MINERAI.

AUJOURD'HUI, NOTRE SYSTÈME ÉCONOMIQUE SEMBLE IRRIGUÉ PAR UNE ABONDANCE DE RESSOURCES NATURELLES.

GRÂCE À L'INNOVATION TECHNOLOGIQUE, LE PRIX DE CES MINERAIS EST DE PLUS EN PLUS ABORDABLE !

POURTANT, À TERME, LEUR PRIX POURRAIT AUGMENTER...
HEIN ?
POURQUOI ÇA AUGMENTERAIT ?
À CAUSE DE L'ÉPUISEMENT DES STOCKS...
QUANTITÉ EXTRAITE
PRIX
HEY ?!
+
CONCENTRATION DU MINERAI
-
... OU DE LA DIFFICULTÉ CROISSANTE À EXTRAIRE DES RESSOURCES DE PLUS EN PLUS DIFFUSES...
CULTIVER DES ÉPINARDS ?
C'EST ÇA, VOTRE SOLUTION À LA PÉNURIE DE FER DANS LE MONDE ?
ET DEMAIN...
... COMMENT POURRONS-NOUS ASSURER NOTRE PROSPÉRITÉ MATÉRIELLE ?
RENDEMENT DÉCROISSANT
EXISTE-IL UN CHEMIN QUI NOUS ÉVITE LE DESTIN DE NAURU ?
LA RÉPONSE EST POURTANT SIMPLE, NON ?

UN PROBLÈME CLIMATIQUE ? UNE PÉNURIE DE RESSOURCES OU LA FIN DES ÉNERGIES FOSSILES ?
À CHAQUE PROBLÈME, LA CROISSANCE VERTE A UNE SOLUTION.
VOUS ALLEZ VOIR COMME C'EST FACILE !
POUR ATTEINDRE LA NEUTRALITÉ CARBONE, NOUS ALLONS DEVOIR REMPLACER NOS ÉNERGIES CARBONÉES PAR DES ÉNERGIES PROPRES.
DITES ADIEU AUX CENTRALES À CHARBON.
ET BONJOUR AUX ÉNERGIES VERTES !
LE PROGRÈS TECHNOLOGIQUE NOUS PERMETTRA DE CAPTURER ET DE STOCKER LE CO2.
ÇA MARCHE COMME AVEC LES FANTÔMES...
ON DOIT PAS CROISER LES EFFLUVES ?
ASPIRATEUR À CO2
GRÂCE À LA PROMOTION D'APPAREILS PLUS ÉCONOMES, NOS MACHINES ÉMETTENT DÉJÀ MOINS DE CO2.
NE SENTEZ-VOUS PAS QUE L'AIR DEVIENT CHAQUE JOUR MOINS POLLUÉ ?
N'EXAGÈRE PAS NON PLUS !
DANS LE SECTEUR DE L'AVIATION, LES APPAREILS SONT 70% PLUS ÉCONOMES EN CARBURANT QU'IL Y A QUARANTE ANS !
EFFICACITÉ ÉNERGÉTIQUE (EN MEGA JOULE/KM)
6
5
4
3
2
1
BOEING 707
BOEING 737
AIRBUS A310
AIRBUS A380
ANNÉES
1955
1965
1975
1985
1995
2005
2015
VOUS ALLEZ BIEN, COMMANDANT ?
NE VOUS INQUIÉTEZ PAS, STÉPHANIE.
J'AURAIS PAS DÛ MANGER DU POISSON CE MIDI...

UN RECYCLAGE PLUS EFFICACE LIMITERA NOTRE EMPREINTE SUR L'ENVIRONNEMENT.

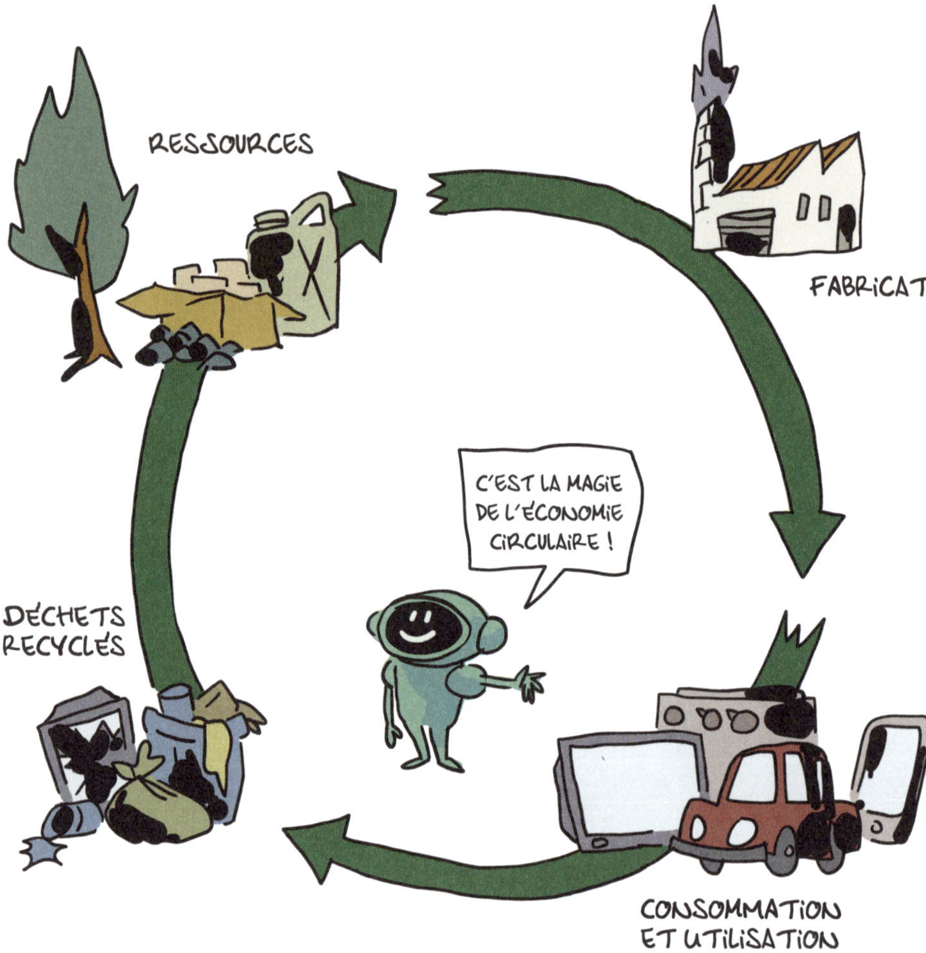

POUR RÉSOUDRE UN PROBLÈME, IL FAUT D'ABORD L'IDENTIFIER.
LE CO2 EST UN SOUCI, MAIS LA CROISSANTE VERTE NOUS PERMETRA DE NOUS EN SORTIR.
TOUS ENSEMBLE !
CO2
J'SUIS UN WINNER, MOI... JE ME SUIS TOUJOURS DONNÉ À FOND...
POURQUOI JE DEVRAIS CHANGER ?
JE PEUX VOUS AIDER, MONSIEUR PIB ?
C'EST QUOI, TON SECRET ?
VOUS AVEZ DÉJÀ ENTENDU PARLER D'ÉCOLOGIE ?
L'ÉCOLOGIE ?
C'EST QUOI, ÇA ?

QUELLE CROISSANCE POUR DEMAIN ?

HOUSTON, ON A UN PROBLÈME !
LE CHANGEMENT CLIMATIQUE A DÉJÀ DES CONSÉQUENCES NÉFASTES POUR LA PLANÈTE.
INCENDIE GÉANT EN SIBÉRIE OU EN AUSTRALIE...
SÉCHERESSE EN CALIFORNIE OU EN MÉDITERRANÉE...
EN RELÂCHANT DANS L'ATMOSPHÈRE D'ÉNORMES QUANTITÉS DE GAZ À EFFET DE SERRE AUTREFOIS CONSERVÉES DANS LE SOL, NOUS AVONS DÉSÉQUILIBRÉ LE CYCLE DU CARBONE.
PAR EXEMPLE, EN DÉTRUISANT DES PUITS NATURELS DE CO2.
AMAZONIE
LE PROBLÈME DE CE GAZ, C'EST QU'UNE FOIS RELÂCHÉ DANS L'ATMOSPHÈRE, IL EST TRÈS DIFFICILE DE L'EN DÉLOGER.
J'Y SUIS, J'Y RESTE !
NOS ÉMISSIONS NE CESSENT D'AUGMENTER ALORS QUE LES MÉCANISMES NATURELS D'ABSORPTION DU CO2 SE DÉGRADENT.
À TERME, NOUS POURRIONS CONNAÎTRE D'ICI LA FIN DU SIÈCLE UN RÉCHAUFFEMENT INÉDIT DANS L'HISTOIRE.
COMBUSTION D'ÉNERGIES FOSSILES
PHOTOSYNTHÈSE ET ABSORPTION PAR LES OCÉANS
TECHNOLOGIE DE CAPTURE DU CO2

HEUREUSEMENT, DES HOMMES ET DES FEMMES DE TOUS PAYS SONT LÀ POUR PRÉVENIR DU DANGER :

LE GIEC SYNTHÉTISE LES AVANCÉES SCIENTIFIQUES NÉCESSAIRES À UNE MEILLEURE COMPRÉHENSION DU PHÉNOMÈNE DU RÉCHAUFFEMENT CLIMATIQUE AFIN D'EN CERNER LES CONSÉQUENCES POSSIBLES.

LEUR CONCLUSION N'EST PAS TRÈS RASSURANTE...

POUR RÉPONDRE À CES QUESTIONS, LA COMMUNAUTÉ SCIENTIFIQUE A ÉLABORÉ PLUSIEURS SCÉNARIOS DE HAUSSE DES TEMPÉRATURES EN FONCTION DE PARAMÈTRES COMME LA CONSOMMATION ÉNERGÉTIQUE, LA DÉMOGRAPHIE OU L'ÉVOLUTION DES MODES DE VIE.

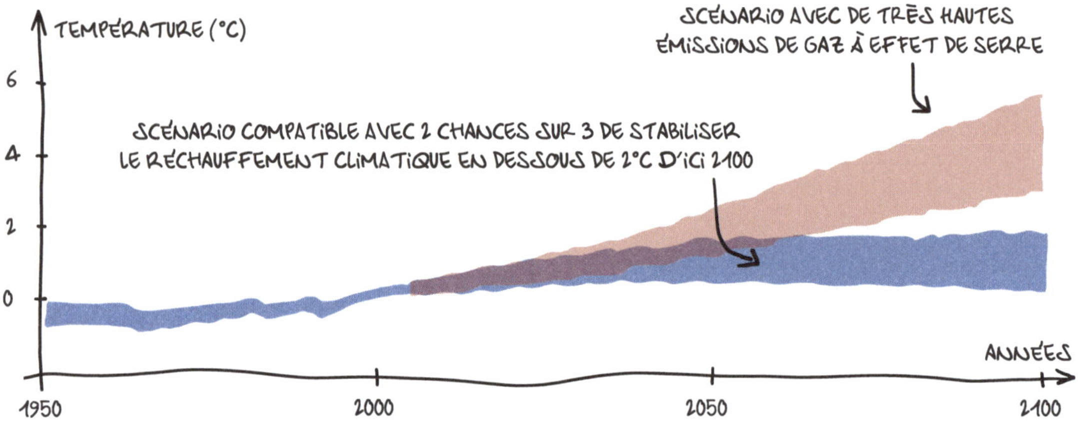

EXPÉRIMENTER UNE ÉLÉVATION DE 4°C DES TEMPÉRATURES SERAIT SPECTACULAIRE.

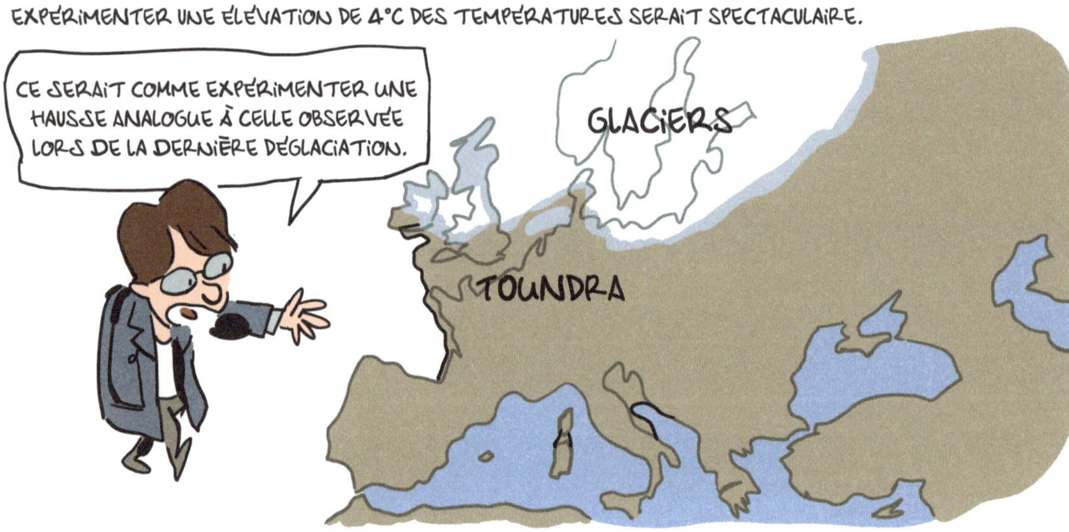

À L'ÉPOQUE, L'HUMANITÉ ÉTAIT PASSÉE EN 10 000 ANS DE PETITS GROUPES NOMADES...

... À DES SOCIÉTÉS SÉDENTAIRES GRÂCE À UN CLIMAT PROPICE À L'AGRICULTURE.

ÉVIDEMMENT, UNE TELLE HAUSSE DES TEMPÉRATURES AURAIT DES CONSÉQUENCES INIMAGINABLES.

AVEC UNE HAUSSE DE 2°C, ON OBSERVERA DES PRÉCIPITATIONS PLUS INTENSES À CERTAINS ENDROITS, DES INCENDIES PLUS FRÉQUENTS...

... OU UNE ACCÉLÉRATION DE LA HAUSSE DU NIVEAU DES MERS...

EN REVANCHE, À 3°C, LES CONSÉQUENCES SERONT AUTREMENT PLUS GRAVES...

À CAUSE D'ÉPISODES DE SÉCHERESSE PLUS FRÉQUENTS ET PLUS SÉVÈRES, ON OBSERVERA UNE INSTABILITÉ ALIMENTAIRE PARTOUT SUR TERRE.

AILLEURS, LA COMBINAISON DE TEMPÉRATURES ÉLEVÉES ET DE FORTE HUMIDITÉ RENDRA CERTAINES PARTIES DU GLOBE DIFFICILEMENT HABITABLES.

ENTRE LA HAUSSE DES TEMPÉRATURES, LA BAISSE DES RENDEMENTS AGRICOLES OU L'INDISPONIBILITÉ EN EAU POTABLE, L'ONU ESTIME QUE LES DÉPLACEMENTS POURRAIENT CONCERNER DES DIZAINES DE MILLIONS DE PERSONNES D'ICI 2050.

EN GROS, ÇA RISQUE DE SECOUER UN PEU !

GRÂCE À NOS CONNAISSANCES SCIENTIFIQUES, NOUS AVONS AUJOURD'HUI LARGEMENT LES MOYENS DE RÉSOUDRE NOS PROBLÈMES.

LA CROISSANCE VERTE EST UN PROJET FÉDÉRATEUR MAIS ELLE DOIT CEPENDANT PASSER PLUSIEURS OBSTACLES AVANT DE VALIDER SON HYPOTHÈSE.

EN UN PEU MOINS DE QUARANTE ANS, 80% DE L'ÉNERGIE CONSOMMÉE DANS LE MONDE DEVRA ÊTRE REMPLACÉE.

SE PASSER DES ÉNERGIES FOSSILES EST UN ENJEU MAJEUR DE NOTRE SIÈCLE MAIS LA TRANSITION NE SERA PAS FACILE.

ÉNERGÉTIQUEMENT DENSES, CONCENTRÉES DANS CERTAINES ROCHES ET BON MARCHÉ...

C'EST L'UTILISATION DE CES ÉNERGIES CAPABLES D'ALIMENTER LES MACHINES QUI A LANCÉ LA CROISSANCE ÉCONOMIQUE :

L'ANGLETERRE EST DEVENUE LA PREMIÈRE PUISSANCE ÉCONOMIQUE AU XIXe SIÈCLE GRÂCE À SON CHARBON.

LES ÉTATS-UNIS LUI ONT SUCCÉDÉ AU XXe SIÈCLE GRÂCE À LEUR PÉTROLE.

LA CHINE POURRAIT LES DÉPASSER AU COURS DU SIÈCLE GRÂCE À SES IMMENSES RÉSERVES D'ÉNERGIES FOSSILES.

CES ÉNERGIES ONT PERMIS AUX ÉTATS DE DÉVELOPPER LEUR PUISSANCE, MAIS LEUR USAGE A AUSSI FAVORISÉ L'ÉMERGENCE DE SYSTÈMES CAPABLES DE GÉRER CES NOUVEAUX FLUX D'ABONDANCE :

LE CAPITALISME GRÂCE À SA CAPACITÉ À MAXIMISER LA CRÉATION DE RICHESSE...

... OU LA MONDIALISATION DONT LE DÉPLOIEMENT A ÉTÉ FAVORISÉ PAR DES MOYENS DE TRANSPORT RAPIDES ET BON MARCHÉ.

GRÂCE À UNE ÉNERGIE EN APPARENCE ILLIMITÉE, NOUS AVONS PU AUGMENTER LA QUANTITÉ DE BIENS ET DE SERVICES PRODUITS.
UNE CLASSE MOYENNE S'EST DÉVELOPPÉE POUR GÉRER CES NOUVEAUX FLUX DE RICHESSE...
... PUIS LES CONSOMMER...
MAMAN !
SUPER
MAMAN ! J'VEUX UN JOUET...
... ET QUAND LA CONSOMMATION DOMESTIQUE N'A PLUS SUFFI, LE LIBRE ÉCHANGE A PERMIS D'ÉCOULER NOS SURPLUS SUR D'AUTRES MARCHÉS.
DIRECT MARS
-50%
UN PISTOLET ALIEN !
J'EN RÊVAIS QUAND J'ÉTAIS PETIT !
ON LE VOIT, L'ORGANISATION D'UN TEL SYSTÈME DÉPEND D'UNE ÉNERGIE ABONDANTE À UN PRIX ABORDABLE.
TANT QU'ILS SEMBLENT ILLIMITÉES, LES FRUITS DE LA CROISSANCE PEUVENT AUGMENTER INDÉFINIMENT.
MAIS COMMENT RÉAGIRAIT LA STRUCTURE SI L'ÉNERGIE VENAIT À MANQUER ?
POURQUOI ELLE MANQUERAIT ?
ELLE VA MANQUER ?
JE POSE SEULEMENT LA QUESTION.

PRENONS L'EXEMPLE DU PÉTROLE... AUJOURD'HUI, 99% DES MOYENS DE TRANSPORT DÉPENDENT DE CETTE ÉNERGIE.

QUAND LE PÉTROLE MANQUE, LES USINES NE PEUVENT PLUS ÉCOULER LEURS STOCKS, LES SUPERMARCHÉS NE SONT PLUS RAVITAILLÉS... C'EST TOUTE L'ÉCONOMIE QUI TOURNE AU RALENTI !

SI DEMAIN LE PÉTROLE DISPARAISSAIT...

LA RESSOURCE N'EST PAS RENOUVELABLE, LES STOCKS SONT DÉJÀ BIEN ENTAMÉS.

EN 1970, LES ÉTATS-UNIS SONT LE PREMIER PRODUCTEUR MAIS AUSSI LE PREMIER EXPORTATEUR DE PÉTROLE.

LA MÊME ANNÉE, LA PRODUCTION AMÉRICAINE PASSE PAR UN MAXIMUM D'EXTRACTIONS AVANT DE DÉCROÎTRE L'ANNÉE SUIVANTE...

DÈS LORS, LE MONDE VOIT LES PREMIÈRES LIMITES À L'ÉNERGIE ABONDANTE ET PAS CHÈRE.

CET ÉVÉNEMENT EN ENTRAÎNE D'AUTRES QUI PROVOQUENT LE PREMIER CHOC PÉTROLIER : UNE HAUSSE IMPORTANTE DU PRIX DE L'ESSENCE ET DES PÉNURIES À LA POMPE.

LA HAUSSE DU PRIX DU BARIL PERMET DE FINANCER L'EXTRACTION DE PÉTROLE JUSQU'ICI NON RENTABLE.

APRÈS 2008, LA PRODUCTION MONDIALE DE PÉTROLE CONVENTIONNEL AMORCE ELLE AUSSI SON DÉCLIN.

LE PÉTROLE CONVENTIONNEL, C'EST CE PÉTROLE LIQUIDE ET FACILE À EXTRAIRE QU'ON TROUVE DANS LA PÉNINSULE ARABE.

LÀ ENCORE, LA PRODUCTION MONDIALE DE PÉTROLE CONTINUE D'AUGMENTER GRÂCE AU DÉVELOPPEMENT DE PÉTROLE NON CONVENTIONNEL...

MÊME SI LA PRODUCTION NE SEMBLE PAS DÉCLINER, SA QUALITÉ BAISSE. LES CAPITAUX ET L'ÉNERGIE QU'IL FAUT DÉPENSER POUR EXTRAIRE UN BARIL DE PÉTROLE NE CESSE D'AUGMENTER.
NOUS APPELONS ÇA LE TAUX DE RETOUR ÉNERGÉTIQUE.
CE TAUX PERMET D'APPRÉCIER COMBIEN J'EXTRAIS DE BARILS POUR UN BARIL DÉPENSÉ.
L'IDÉE ÉTANT ÉVIDEMMENT D'EXTRAIRE PLUS D'ÉNERGIE QU'ON N'EN DÉPENSE.
MALHEUREUSEMENT, CE TAUX NE CESSE DE BAISSER...
... À CAUSE DE STRUCTURES DE PLUS EN PLUS COMPLEXES ET COÛTEUSES...
... OU DE GISEMENTS MOINS RENTABLES...
FORAGE DU GAZ DE SCHISTE
SIX MOIS D'EXPLOITATION ET JE DOIS DÉJÀ REFORER AILLEURS ?!
IL FAUT DÉPENSER TOUJOURS PLUS D'ÉNERGIE POUR EXTRAIRE DU PÉTROLE.
TAUX DE RETOUR ÉNERGÉTIQUE
50
40
30
20
10
0
1950
1970
1990
2010
2030
ANNÉES
AU DÉBUT DU XXE SIÈCLE, UN BARIL PERMETTAIT D'EN EXTRAIRE 100 AUTRES.
MAIS DEPUIS 2008, CE PÉTROLE DISPARAÎT AU PROFIT DU PÉTROLE NON CONVENTIONNEL.
AUJOURD'HUI, LE GAZ DE SCHISTE ET LES BITUMES NE RENDENT MÊME PLUS 10 BARILS.

UNE PARTIE CROISSANTE DE L'ÉNERGIE QUI SERVAIT AUTREFOIS À ALIMENTER L'ÉCONOMIE EST DÉSORMAIS ALLOUÉE À L'EXTRACTION D'ÉNERGIE.

CETTE BAISSE N'EST ÉVIDEMENT PAS SANS CONSÉQUENCE...

C'EST CE QUI EST ARRIVÉ LORS DU PREMIER CHOC PÉTROLIER...

ET DEPUIS 2008, CETTE BAISSE DE DISPONIBILITÉ PÉTROLIÈRE S'AMPLIFIE.

NOTRE SYSTÈME SE COMPORTE COMME UN ORGANISME VIVANT FRAPPÉ D'HYPOXIE. ALORS QUE LA QUANTITÉ D'AIR QUI RENTRE DANS NOS POUMONS EST LA MÊME, CE QUE NOUS RESPIRONS EST DE PLUS EN PLUS PAUVRE EN OXYGÈNE.

Pour le comprendre, revenons un peu en arrière. En période de profusion énergétique, tout est facile. Il suffit d'augmenter le volume de biens et de services produits pour augmenter la richesse.

Mais quand l'énergie est comptée...

... seules les activités les plus profitables sont maintenues.

QUAND LE PIB EST LIMITÉ PAR L'ÉNERGIE, LE SYSTÈME ÉCONOMIQUE CHERCHE D'AUTRES VOIES POUR OPTIMISER SA CRÉATION DE RICHESSE.

D'AUTRES, MOINS RENTABLES, DÉLOCALISENT LEUR ACTIVITÉ VERS DES PAYS À MOINDRE COÛT.

D'ABORD, DÉVELOPPER L'ÉCONOMIE D'UN PAYS ÉMERGENT PERMET À CELUI-CI DE S'ENRICHIR.

MAIS LE SYSTÈME ÉCONOMIQUE MONDIAL PROFITE AUSSI D'UNE ÉNERGIE OFFRANT L'UN DES MEILLEURS TAUX DE RETOUR ÉNERGÉTIQUE !

ET DE MOYENS DE TRANSPORT COMPÉTITIFS CAPABLES DE DISTRIBUER LA PRODUCTION PARTOUT DANS LE MONDE.

UTILISER L'ÉNERGIE OFFRANT LE MEILLEUR RENDEMENT ÉNERGÉTIQUE EST VITAL POUR MAXIMISER LA CROISSANCE.

À L'INVERSE, QUAND LES COÛTS D'EXTRACTION AUGMENTENT, C'EST TOUTE L'ÉCONOMIE QUI EST AFFECTÉE.

DANS UN MONDE À L'ÉNERGIE CONTRAINTE, LES MACHINES SONT LES PLUS EFFICACES POUR FAIRE DE LA CROISSANCE... EN GAGNANT EN NOMBRE ET EN PRODUCTIVITÉ, ELLES ONT FAVORISÉ L'APPARITION DU CHÔMAGE.

MAIS LA DÉCRUE ÉNERGÉTIQUE NOURRIT AUSSI LES INÉGALITÉS ET FAVORISE LES PÔLES DYNAMIQUES AU DÉTRIMENT DES ZONES MOINS PROFITABLES.

APRÈS LE PIC DE PRODUCTION DE PÉTROLE CONVENTIONNEL DE 2008, C'EST AU TOUR DES ZONES PÉRIURBAINES D'ÊTRE AFFECTÉES.

AUJOURD'HUI, AVEC LE DÉCLIN DU PÉTROLE CONVENTIONNEL ET LES RENDEMENTS DÉCROISSANTS CONSTATÉS SUR LES AUTRES PÉTROLES, LES EXPERTS SE DEMANDENT SI LA PRODUCTION NE VA PAS DÉFINITIVEMENT PÉRICLITER.

NOS SOCIÉTÉS SE SONT STRUCTURÉES AUTOUR DE CETTE ÉNERGIE ABONDANTE ET PAS CHÈRE.

MAIS AUJOURD'HUI, DE GRÉ EN FAVORISANT LA TRANSITION ÉNERGÉTIQUE...

... OU DE FORCE EN SUBISSANT LA FIN DU PÉTROLE...

... NOUS ALLONS DEVOIR APPRENDRE À FAIRE SANS.

POUR L'EUROPE, LA SITUATION DEVIENT URGENTE. CES APPROVISIONNEMENTS EN ÉNERGIE FOSSILE SONT TOUS EN DÉCLIN :

LA TRANSITION ÉNERGÉTIQUE DEVIENT UNE NÉCESSITÉ, MAIS PLUSIEURS QUESTIONS RESTENT EN SUSPENS...
CES ÉNERGIES SERONT-ELLES CAPABLES DE REMPLACER LES ÉNERGIES FOSSILES ?
ALLONS-NOUS CONTINUER À SUBIR LES EFFETS DE LA DÉCRUE ÉNERGÉTIQUE ?
EN UN MOT, SOMMES-NOUS MENACÉS PAR LA DÉCROISSANCE ?
ÇA NE VOUS INTÉRESSE PAS, CE QUE JE DIS ?
ÇA VA ALLER, DOC...
CROISSANCE VERTE S'OCCUPE DE TOUT !
SI C'EST LE FUTUR QUI POSE PROBLÈME...
... JE VAIS VOUS MONTRER COMMENT FAIRE.

L'OBJECTIF DE LA CROISSANCE VERTE EST DE CHANGER DE SYSTÈME SANGUIN.

EN SIGNANT LES ACCORDS DE PARIS, CHAQUE PAYS S'EST ENGAGÉ À VISER LA NEUTRALITÉ CARBONE D'ICI 2050.

DANS LES FAITS, LA NEUTRALITÉ CARBONE CONSISTE À BAISSER SES ÉMISSIONS DE GAZ À EFFET DE SERRE ET À FAVORISER LA CAPTATION DU CARBONE.

EN FRANCE, L'EMPREINTE CARBONE MOYENNE S'ÉLÈVE AUJOURD'HUI À 10 TONNES DE CO_2 PAR AN ET PAR HABITANT.

DEPUIS LES ANNÉES 90 (ET À CAUSE DE NOS IMPORTATIONS), CETTE EMPREINTE CARBONE NE PARVIENT PAS À BAISSER SUFFISAMMENT.

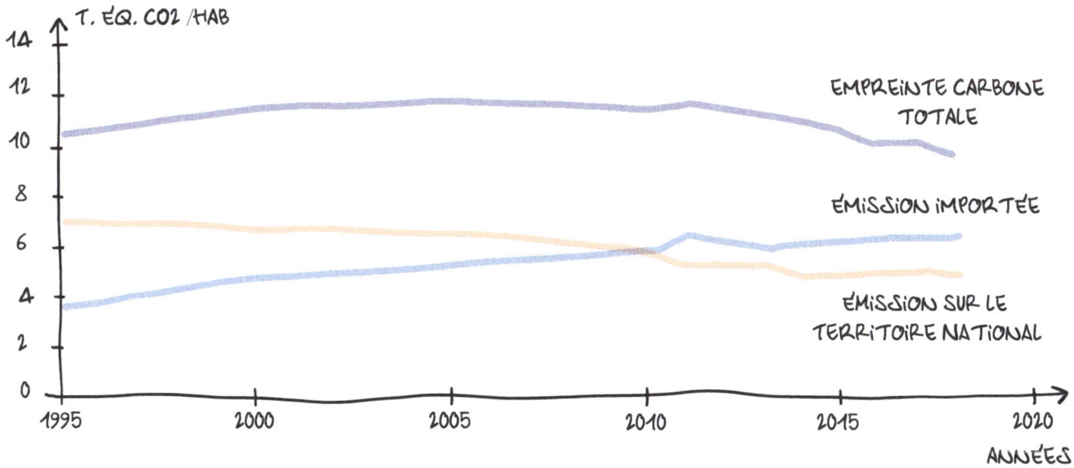

QUELLES ÉNERGIES POUR LA TRANSITION ?

LA FRANCE EN 2100.
C'EST DONC ÇA, LE FUTUR ?
J'COMPRENDS PAS, CHEF... ILS VIENNENT D'OÙ, CES DEUX-LÀ ?
JE VOUS L'AI DIT, ON ARRIVE D'UNE AUTRE ÉPOQUE.
VOUS POUVEZ NOUS DÉTACHER, MAINTENANT ?
D'ABORD, VOUS ALLEZ M'EXPLIQUER...
ON N'A PLUS DE PÉTROLE...
ÇA FAIT DES ANNÉES QUE PLUS RIEN NE MARCHE...
COMMENT VOUS FAITES POUR ALIMENTER CE ROBOT ?
FACILE, AVEC DE L'ÉLECTRICITÉ VERTE !
VOUS N'AVEZ PAS D'ÉOLIENNES DANS VOS CHAMPS ?
TU VOIS DES CHAMPS QUELQUE PART, TOI ?!

ATTENDEZ... QUAND LES ÉNERGIES FOSSILES ONT DISPARU, VOUS N'AVEZ PAS PENSÉ À LES REMPLACER ?
LES REMPLACER ?
PAR QUOI ?
SI ON VOUS AIDE, VOUS NOUS LAISSEREZ PARTIR ?
ÉVIDEMMENT !
GRÂCE À LA CROISSANCE VERTE ET À MON EXPERTISE, NOUS ALLONS RELANCER VOTRE ÉCONOMIE !
ET COMMENT TU COMPTES FAIRE, JEUNE PRÉTENTIEUX ?
TIENS... TU T'ES DÉCIDÉ À NOUS REJOINDRE ?
PUISQUE LES ÉNERGIES RENOUVELABLES SONT INÉPUISABLES, NOUS ALLONS REPOUSSER LES LIMITES PHYSIQUES DE NOTRE ENVIRONNEMENT.
AUGMENTER LA PRODUCTION INDUSTRIELLE.
DÉVELOPPER LE COMMERCE INTERNATIONAL.
ET SANS ÉMETTRE UN GRAMME DE CO2.
LA CROISSANCE SERA THÉORIQUEMENT INFINIE !

LES ÉNERGIES RENOUVELABLES ONT DE NOMBREUSES QUALITÉS, MAIS CERTAINES ONT AUSSI DE SÉRIEUX DÉFAUTS.
QU'IL S'AGISSE DE L'ÉNERGIE SOLAIRE...
... OU DE L'ÉOLIEN.
CES ÉNERGIES SONT DIFFUSES...
ELLES SONT PARTOUT.
MAIS PARTOUT EN FAIBLE QUANTITÉ.
LES DISPOSITIFS QUI CAPTENT CES ÉNERGIES EXIGENT PLUS DE SURFACE QUE CELLES RÉCOLTANT LES ÉNERGIES FOSSILES.
UN AUTRE PROBLÈME VIENT DE LEUR INTERMITTENCE.
GRIEZMANN POUR M'BAPPÉ QUI FONCE DROIT AU BUT !
ALORS QU'UNE CENTRALE THERMIQUE EST CAPABLE DE DISTRIBUER UNE ÉNERGIE EN CONTINU.
TIRE ! MAIS TIRE !
ÉOLIENNES ET PANNEAUX SOLAIRES DÉPENDENT DES FLUX D'ÉNERGIES QU'ILS CAPTENT.
FRAPPE DE M'BAPPÉ !
VAS-Y, OUI !
?
QUI A ÉTEINT LA LUMIÈRE ?

À CAUSE DE CETTE INTERMITTENCE, LES ÉNERGIES RENOUVELABLES FONCTIONNENT RAREMENT À PLEINE PUISSANCE.
DANS NOTRE JARGON, ON PARLE DU FACTEUR DE CHARGE...
LE RAPPORT ENTRE L'ÉNERGIE EFFECTIVEMENT PRODUITE ET CE QUE LE SYSTÈME EST THÉORIQUEMENT CAPABLE DE GÉNÉRER.
PAR EXEMPLE, UNE CENTRALE QUI FONCTIONNE UN JOUR SUR DEUX AURA UN FACTEUR DE CHARGE DE 50%.
EN FRANCE...
25% ÉOLIEN TERRESTRE
40% ÉOLIEN MARIN
75% NUCLÉAIRE
13% SOLAIRE
ÇA VEUT DIRE QUE TU BOSSES QUE 13% DE TON TEMPS ?!
MA PEAU EST TRÈS SENSIBLE AU SOLEIL.
COMME CES ÉNERGIES DÉPENDENT DE LA MÉTÉO OU DE L'HEURE DE LA JOURNÉE, LEUR INTERMITENCE DOIT ÊTRE COMPENSÉE PAR D'AUTRES SOURCES D'ÉNERGIE.
DES CENTRALES THERMIQUES PEUVENT PAR EXEMPLE PRENDRE LE RELAIS.
C'EST PAS TRÈS ÉCOLO !
C'EST LE CAS DE L'ALLEMAGNE DONT L'ÉLECTRICITÉ DÉPEND PRINCIPALEMENT DES ÉNERGIES RENOUVELABLES ET DU CHARBON.
GAZ NATUREL 8%
ÉOLIEN 20%
NUCLÉAIRE 14%
SOLAIRE 9%
BIOMASSE 8%
CHARBON 38%
HYDROÉLECTRICITÉ 3%
PRODUCTION D'ÉLECTRICITÉ EN 2018
DEPUIS 2010, LE PAYS A QUASIMENT DOUBLÉ LA PART DES ÉNERGIES RENOUVELABLES DANS SON MIX ÉLECTRIQUE.
ÇA VEUT DIRE QU'ILS VONT DANS LA BONNE DIRECTION.
MALHEUREUSEMENT, LE PAYS A BIEN DU MAL À SE DÉFAIRE DE SA DÉPENDANCE AU GAZ ET AU CHARBON.

POUR PRODUIRE UNE ÉLECTRICITÉ DÉCARBONÉE, CERTAINS PAYS ONT CHOISI DES VOIES DIFFÉRENTES.

EN FRANCE, 70% DE L'ÉLECTRICITÉ EST ISSUE DE SON PARC NUCLÉAIRE.

LES PAYS EXPLOITANT LEURS PROPRES GISEMENTS DE CHARBON SONT AUSSI PARMI CEUX DONT L'ÉLECTRICITÉ EST LA PLUS CARBONÉE.

IL SERAIT TRÈS TENTANT POUR CES PAYS DE PROFITER QUELQUES ANNÉES ENCORE DES RICHESSES DE LEUR SOL...

MAIS QU'IL S'AGISSE DE LA CHINE, DES ÉTATS-UNIS... OU DE LA FRANCE... CHAUCUN DEVRA DÉCIDER POUR LES ANNÉES À VENIR QUEL CHEMIN EMPRUNTER POUR PRODUIRE SON ÉLECTRICITÉ.

DÉPLOYER CES ÉNERGIES RENOUVELABLES VA EXIGER L'EXTRACTION DE BEAUCOUP DE MATÉRIAUX.
C'EST PAS COMME SI AVANT ON CREUSAIT DÉJÀ POUR RÉCUPÉRER DES ÉNERGIES FOSSILES...
VOUS ALLEZ VOIR, ÇA VA ÊTRE FORMIDABLE !
ALORS QU'ON OBSERVE DÉJÀ UNE SURCONSOMMATION DE MÉTAUX ET D'ÉNERGIES FOSSILES, DÉCARBONER NOTRE ÉCONOMIE RISQUE D'AGGRAVER LA PRÉDATION SUR CERTAINES RESSOURCES.
C'EST LOGIQUE, IL FAUT EXTRAIRE CES MÉTAUX DU SOL...
IL FAUT ENSUITE LES TRANSPORTER...
LES TRANSFORMER...
PUIS FABRIQUER CES NOUVELLES INSTALLATIONS...
OU REMPLACER LES ANCIENNES...
DURÉE DE VIE : 30 ANS
ÇA VEUT DIRE QU'ON VA DEVOIR RENOUVELER TOUTES CELLES QU'ON A DÉJÀ CONSTRUITES ?
JE PRÉFÉRAIS QUAND J'ÉTAIS PILLARD...
JE NE COMPRENDS PAS...
À QUOI ÇA SERT DE VOULOIR DÉCARBONER L'ÉLECTRICITÉ SI ON ÉMET PLEIN DE POLLUTION EN AMONT ?
BIEN SÛR, TOUTE UTILISATION D'ÉNERGIE A UN IMPACT SUR SON ENVIRONNEMENT...
... MAIS SI ON ÉTUDIE LE CYCLE DE VIE DE CES NOUVELLES ÉNERGIES, DE SA CONCEPTION À SON DÉMANTÈLEMENT...
... À PUISSANCE ÉGALE, UN PARC D'ÉOLIENNES ÉMET BEAUCOUP MOINS DE CO2 QU'UNE CENTRALE À CHARBON !

SI ON PREND L'EXEMPLE D'UNE ÉOLIENNE MARINE...
(PARC ÉOLIEN DE BELWIND, MER DU NORD)
150 MÈTRES DE HAUTEUR
1500 TONNES D'ACIER
PUISSANCE DE 6 MÉGAWATTS
ÇA DEMANDE BEAUCOUP DE MÉTAL !
EN EFFET, POUR DÉVELOPPER 1 MÉGAWATT, QUAND L'ÉOLIEN DEMANDE 250 TONNES D'ACIER...
LE NUCLÉAIRE EN DEMANDE 60 TONNES.
ET LE GAZ 40 TONNES !
IL FAUT 700 ÉOLIENNES DE CE TYPE POUR PRODUIRE AUTANT QU'UN RÉACTEUR NUCLÉAIRE DE 1300 MÉGAWATTS.
ÇA DEMANDE BEAUCOUP DE PLACE !
MAINTENANT, IMAGINONS UN SCÉNARIO OÙ TOUTE L'ÉLECTRICITÉ SERAIT PRODUITE AVEC DES ÉNERGIES RENOUVELABLES...
IL FAUDRA AUGMENTER NOS CAPACITÉS DE PRODUCTION ET MIEUX PILOTER LA DEMANDE.
L'EXCÉDENT D'ÉLECTRICITÉ PRODUIT DEVRA ÊTRE STOCKÉ DANS DES DISPOSITIFS ENCORE À CONSTRUIRE...
COMME DES BATTERIES.
DES BARRAGES HYDRAULIQUES.
OU EN UTILISANT LE SURPLUS D'ÉLECTRICITÉ PRODUIT POUR FABRIQUER DE L'HYDROGÈNE.

EN FRANCE, RTE (POUR "RÉSEAU DE TRANSPORT D'ÉLECTRICITÉ") A IMAGINÉ UN SCÉNARIO POUR 2050 DANS LEQUEL LE MIX ÉNERGÉTIQUE SERAIT ESSENTIELLEMENT BASÉ SUR DES ÉNERGIES RENOUVELABLES.

À L'INVERSE, AU NIVEAU MONDIAL, L'AGENCE INTERNATIONALE DE L'ÉNERGIE DESSINE UN SCÉNARIO DANS LEQUEL LA CONSOMMATION D'ÉNERGIE CONTINUERAIT D'AUGMENTER.

EN REVANCHE, LES ÉNERGIES FOSSILES SERONT ENCORE LARGEMENT UTILISÉES.

POUR ACCÉLÉRER LA DÉCARBONATION DE SON ÉNERGIE, L'HUMANITÉ PEUT AUSSI SE TOURNER VERS L'ÉNERGIE NUCLÉAIRE.

AUJOURD'HUI, LE NUCLÉAIRE FOURNIT 10% DE L'ÉLECTRICITÉ DANS LE MONDE, ET L'INDUSTRIE SE DÉVELOPPE DANS DE NOMBREUX PAYS.

PARFOIS MÊME EN PARALLÈLE AVEC LES ÉNERGIES RENOUVELABLES...

POURTANT, IL EST PEU PROBABLE QUE CETTE TECHNOLOGIE FOURNISSE UN JOUR UNE MAJORITÉ DE NOTRE ÉNERGIE.

LE NUCLÉAIRE CIVIL A BESOIN D'UN ENVIRONNEMENT FAVORABLE POUR SE DÉVELOPPER.

D'IMPORTANTS CAPITAUX AU MOMENT DE LA CONSTRUCTION (ET DU DÉMANTELLEMENT)

UN RÉGIME POLITIQUE STABLE

DU PERSONNEL BIEN FORMÉ

L'ACCORD DE SES VOISINS

UNE ADHÉSION DE SA POPULATION

MAIS QUELS QUE SOIENT LES CHEMINS QUE L'HUMANITÉ EMPRUNTERA, L'IMPORTANCE ACCRUE DE L'ÉLECTRICITÉ ET DES ÉNERGIES RENOUVELABLES DANS NOTRE MIX ÉNERGÉTIQUE RISQUE DE CRÉER DES TENSIONS SUR CERTAINS MÉTAUX.

C'EST LE CAS DU CUIVRE, UN MATÉRIAU ESSENTIEL À LA TRANSITION ÉNERGÉTIQUE.

SI CE MÉTAL EST SI IMPORTANT, C'EST PARCE QU'IL EST DIFFICILEMENT SUBSTITUABLE.

ON A BIEN ESSAYÉ DE LE REMPLACER PAR UN MÉTAL PLUS RÉPANDU COMME L'ALUMINIUM...

AUJOURD'HUI, LA DEMANDE DE CUIVRE EXPLOSE EN RAISON DE LA CROISSANCE ÉCONOMIQUE ET DU BOOM DÉMOGRAPHIQUE.

LE PROBLÈME, C'EST QUE LA TRANSITION ÉNERGÉTIQUE VA ENTRAÎNER UNE SURCONSOMMATION DE CE MÉTAL.

LES QUANTITÉS SONT GIGANTESQUES : LA DEMANDE POURRAIT TRIPLER D'ICI LA FIN DU SIÈCLE... ET TOUS LES MÉTAUX SONT CONCERNÉS !

HEUREUSEMENT, POUR FAIRE FACE À CETTE DEMANDE INÉDITE, L'INNOVATION EST NOTRE ALLIÉE.
GRÂCE À ELLE, NOUS SOMMES CAPABLES D'EXTRAIRE DES MINERAIS MOINS CONCENTRÉS MAIS PLUS RÉPANDUS.
MÉTAL DÉJÀ EXTRAIT
RÉSERVE
CONCENTRATION DU MINERAI (EN %)
25%
0,5%
TU VOIS, LA PÉNURIE EST ENCORE LOIN !
MÊME SI POUR OBTENIR UNE MÊME QUANTITÉ DE MÉTAL, IL FAUT EXTRAIRE PLUS DE MINERAIS...
ET DÉPENSER PLUS D'ÉNERGIE !
EXTRACTION ET TRAITEMENT DU MINERAI
MINERAI À 0,5% DE CUIVRE
FABRICATION DU MÉTAL
FUSION ET RAFFINAGE
ET LA SITUATION POURRAIT S'AGGRAVER...
COMME LA DEMANDE EXPLOSE, LE PRIX DU CUIVRE DEVRAIT AUGMENTER LUI AUSSI.
À TERME, LE PRIX DE L'ÉNERGIE POURRAIT GRIMPER ET SE RÉPERCUTER SUR LE PRIX D'EXTRACTION DU CUIVRE...
ET ON PRÉVOIT SON PIC DE PRODUCTION AU COURS DU SIÈCLE !
ATTENDEZ, DOC... AU LIEU DE NOIRCIR LE TABLEAU...
VOUS AVEZ PENSÉ AU RECYCLAGE ?

SI LA PRODUCTION DE CUIVRE NE SUFFIT PAS À RÉPONDRE À LA DEMANDE, NOUS POUVONS RECYCLER LE MÉTAL DE NOS ÉQUIPEMENTS MÉNAGERS.

ET LE RECYCLAGE A D'AUTRES VERTUS...

EN DÉVELOPPANT LA FILIÈRE, LE CUIVRE RECYCLÉ POURRA SE SUBSTITUER À LA PRODUCTION MINIÈRE...

... ET DE NOUVELLES ÉNERGIES VIENDRONT BIENTÔT L'ALIMENTER...

D'ICI UNE TRENTAINE D'ANNÉES, LES SCIENTIFIQUES SERONT CAPABLES D'APPRIVOISER LA FUSION NUCLÉAIRE.
ATTENDEZ, VOUS M'AVIEZ PAS DÉJÀ DIT ÇA IL Y A TRENTE ANS ?
TRENTE ANS ?
DÉJÀ ?
VOUS NE VOULEZ PAS VISITER NOS INSTALLATIONS, EN ATTENDANT ?
CONTRAIREMENT AUX RÉACTIONS DE FISSION ACTUELLEMENT À L'ŒUVRE DANS LES CENTRALES NUCLÉAIRES...
NOTRE TRAVAIL CONSISTE À SCINDER UN GROS NOYAU EN DEUX NOYAUX PLUS LÉGERS.
DÉMONSTRATION...
LA TÊTE !
VISE LA TÊTE !
LA MAÎTRISE DE LA FUSION NUCLÉAIRE OFFRIRAIT UNE ÉNERGIE ILLIMITÉE SANS LES INCONVÉNIENTS DE LA FISSION.
NOTRE TRAVAIL CONSISTE À FAIRE FUSIONNER DEUX NOYAUX.
NOUS SOMMES COMME UNE AGENCE DE RENCONTRE, EN QUELQUE SORTE.
ON VA LES LAISSER ENTRE EUX...

LA FUSION POURRAIT ÊTRE CONSIDÉRÉE COMME L'ÉNERGIE ULTIME, CELLE CAPABLE DE RÉSOUDRE TOUS NOS PROBLÈMES.

MAIS IL EST TRÈS HYPOTHÉTIQUE QUE CETTE TECHNOLOGIE PARVIENNE À SE DÉPLOYER À TEMPS.

MÊME SI UN PROTOTYPE FONCTIONNEL SORTAIT DE TERRE AVANT LA FIN DU SIÈCLE...

... IL FAUDRAIT ENCORE DES ANNÉES AVANT QUE CETTE ÉNERGIE PRENNE UNE PLACE SIGNIFICATIVE DANS NOTRE MIX ÉNERGÉTIQUE.

POUR RÉDUIRE SES ÉMISSIONS DE CO2 D'ICI 2050, LA FUSION N'EST PAS LA SOLUTION, MAIS EN ATTENDANT, L'EUROPE S'INTÉRESSE À D'AUTRES ÉNERGIES...
L'HYDROGÈNE EST LE CARBURANT PARFAIT.
ENFIN UNE BONNE NOUVELLE !
COMME SA COMBUSTION NE REJETTE QUE DE L'EAU, SON UTILISATION EST SANS DANGER POUR LA PLANÈTE.
SANTÉ !
H2O
TU OUBLIES DE PRÉCISER TOUS LES INCONVÉNIENTS DE L'HYDROGÈNE.
N'EXISTE PAS À L'ÉTAT NATUREL
PRODUCTION ISSUE À 95% DES ÉNERGIES FOSSILES
SA FABRICATION DEMANDE PLUS D'ÉNERGIE QUE SA COMBUSTION N'EN RESTITUE
EXIGE UN GROS VOLUME DE STOCKAGE
INFLAMMABLE QUAND IL EST COMPRIMÉ
TU M'ÉCOUTES ?
VOUS ÊTES TROP PESSIMISTE, DOC...
REGARDEZ CROISSANCE VERTE...
JUSTEMENT...
ELLE NE ME DONNE PAS ENVIE DE PERDRE MON TEMPS.
VOUS DEVRIEZ, DOC.
AVEC ELLE...
... L'AVENIR NOUS TEND LES BRAS...
?

JE PEUX SAVOIR À QUOI TU JOUES, LÀ ?
JE L'AI ENVOYÉ DANS LE PASSÉ POUR LUI REMETTRE LES IDÉES EN PLACE !
ET TOI ?! SI TU TE RENDAIS UTILE, POUR UNE FOIS, AU LIEU DE RONCHONNER ?!
T'AS INTÉRÊT À LE RAMENER À LA MAISON MAINTENANT !
ET PUIS QUOI ENCORE ?!
C'EST DINGUE, ÇA...
JE DOIS LE DIRE EN QUELLE LANGUE POUR QU'ON M'ÉCOUTE ENFIN ?
C'EST DE VOTRE FAUTE, AUSSI... VOUS N'ANNONCEZ QUE DES MAUVAISES NOUVELLES !
ÉCOUTEZ, C'EST VOUS L'AVENIR, ET FRANCHEMENT, IL N'Y A PAS DE QUOI S'ENTHOUSIASMER !
HEY, C'EST PAS À VOUS QUE JE VAIS DIRE QUE LE FUTUR NE S'ÉCRIT PAS À L'AVANCE.
J'AI ÉCOUTÉ ARNAUD... POURQUOI SON PROJET NE SERAIT PAS CRÉDIBLE ?
ATTENDEZ... VOUS VOUDRIEZ QUE JE DONNE SA CHANCE À CET IMBÉCILE ?
SI ÇA PEUT SAUVER LE MONDE, POURQUOI PAS ?

BIEN LE BONJOUR, MES SEIGNEURS...
MON AMI ET MOI ALLONS VOUS DÉLESTER DE VOS BOURSES, SI ÇA NE VOUS DÉRANGE PAS.
VOUS PRENEZ LES BITCOINS ?

LES DÉFIS DE LA CROISSANCE VERTE

?
'TTENTION À VOUS !
SALUT, DOC, VOUS AVEZ VU CE QU'ON A FAIT ?
C'EST QUOI, TOUT ÇA ?
LA PREUVE QUE J'AVAIS RAISON...
C'ÉTAIT LE MOYEN ÂGE, ICI, AVANT.
SUR MES CONSEILS, CES GENS SONT EN TRAIN DE DÉVELOPPER UNE SOCIÉTÉ PROSPÈRE ET ÉCOLOGIQUE !
EN SI PEU DE TEMPS ?
ET ÇA N'EST QUE LE DÉBUT...
POUR NE PAS RÉPÉTER LES MÊME ERREURS, NOUS AVONS AXÉ NOTRE CROISSANCE SUR LE PROGRÈS ET L'ENVIRONNEMENT.
DES VILLES DENSÉMENT PEUPLÉES...
... ET UNE PRODUCTIVITÉ AGRICOLE ÉLEVÉE SUR DE FAIBLES SURFACES POUR LIMITER NOTRE IMPACT SUR LA NATURE.
ET D'OÙ TE SONT VENUES TOUTES CES IDÉES ?
D'UN LIVRE QUE VOUS DEVRIEZ LIRE...

MANIFESTE DE L'ÉCO-MODERNISME...
UNE ISSUE FACE AU DÉSASTRE ÉCOLOGIQUE.
C'EST UN MODE D'EMPLOI POUR LA CROISSANCE VERTE ?
TU CROIS QUE T'APPUYER SUR L'ÉCONOMIE CIRCULAIRE ET L'INNOVATION VA SUFFIRE ?
REGARDEZ PAR VOUS-MÊME !
C'EST PARCE QU'ON A COPIÉ LA NATURE.
J'COMPRENDS PAS...
C'EST SIMPLE, UN ARBRE CROÎT ET PRODUIT DES FRUITS QUI RETOURNENT À LA TERRE...
ON A DÉCIDÉ DE FAIRE PAREIL.
PRODUIRE, DÉVELOPPER, RECYCLER...

L'ÉCO-MODERNISME CHERCHE À PROSPÉRER ET À RÉSOUDRE LES PROBLÈMES LIÉS À NOTRE DÉVELOPPEMENT.
TOUT EN ACCÉLÉRANT LE DÉCOUPLAGE ENTRE LE PROGRÈS ET LES CONSÉQUENCES NÉFASTES LIÉES À CELUI-CI.
ET ÇA, C'EST QUOI ?
OUBLIEZ !
C'EST JUSTE UN RELIQUAT DU PASSÉ.
AU DÉBUT, ON A DÛ UTILISER UN PEU DE PÉTROLE POUR SE LANCER.
MAIS GRÂCE AUX ÉNERGIES RENOUVELABLES ET À LA FUSION NUCLÉAIRE, NOUS SERONS BIENTÔT AUTONOMES.
ET TU CROIS QUE ÇA VA FONCTIONNER ?
VOUS EN DOUTEZ ENCORE ?
ÉCOUTE, J'AI PAS ENVIE D'ATTENDRE DE VOIR SI ÇA MARCHE OU PAS.
ALORS ON VA JOUER À UN JEU...
SI TU PARVIENS À RELEVER MES DÉFIS... À PROUVER QUE LA CROISSANCE VERTE EST POSSIBLE...
JE RECONNAÎTRAI QUE J'AI EU TORT.
C'EST VRAI ? PAR OÙ ON COMMENCE ?

PASSE CES ÉPREUVES, TROUVE LA CROISSANCE VERTE ET TU AURAS GAGNÉ.
C'EST COMME SI C'ÉTAIT FAIT!
1
AUGMENTATION DES DÉPENSES ÉNERGÉTIQUES
2
POTENTIEL DE RECYCLAGE LIMITÉ
3
CHANGEMENT TECHNOLOGIQUE INSUFFISANT ET INAPPROPRIÉ
4
DÉPLACEMENT DES PROBLÈMES
5
IMPACT SOUS-ESTIMÉ DES SERVICES
6
TRANSFERT DES COÛTS
7
EFFET REBOND
YOUHOU!

C'EST LUI, MON PREMIER DÉFI ?
NOUS Y VOILÀ...
JE VAIS DEVOIR ME BATTRE AVEC VOUS, C'EST ÇA ?
PAS DU TOUT, JE VOUDRAIS QUE VOUS RAMASSIEZ DES OEUFS POUR MOI.
JE NE PEUX RIEN FAIRE AVEC CES GANTS...
... MAIS SI VOUS ARRIVEZ À REMPLIR MES PANIERS, JE VOUS AUTORISERAI À CONTINUER VOTRE CHEMIN !
FASTOCHE !
VOTRE AMI A L'AIR MOTIVÉ.
IL VA SURTOUT VITE COMPRENDRE SA DOULEUR.

LE PREMIER DÉFI À RELEVER EST L'AUGMENTATION DU COÛT DES DÉPENSES ÉNERGÉTIQUES.

HEUREUSEMENT, L'INNOVATION PERMET DE RÉDUIRE CES COÛTS.

OU D'ACCÉDER À DES RÉSERVES AUTREFOIS INACCESSIBLES.

EN FAIT, COMME LES MÉTAUX SONT ENCORE EN GRANDE QUANTITÉ DANS LA CROÛTE TERRESTRE, ON PEUT RÉSUMER LE COÛT DE LEUR EXTRACTION À UNE SIMPLE QUESTION D'ÉNERGIE.

AUJOURD'HUI, IL FAUT CONSOMMER DE PLUS EN PLUS D'ÉNERGIE POUR EXTRAIRE PÉTROLE, GAZ ET CHARBON.

MAIS TRANSITER VERS DES ÉNERGIES RENOUVELABLES NE RÉGLERAIT PAS LE PROBLÈME.

EN S'APPUYANT MASSIVEMENT SUR L'ÉOLIEN ET LE SOLAIRE POUR DÉCARBONER NOTRE MIX ÉNERGÉTIQUE, NOUS ALLONS AVOIR RAPIDEMENT BESOIN DE GRANDES QUANTITÉS DE MÉTAUX NÉCESSAIRES À LEUR FABRICATION.

C'EST LA SOLUTION PROPOSÉE PAR L'ÉCO-MODERNISME… POUR ASSURER UNE CROISSANTE VERTE, LE NUCLÉAIRE SERAIT LA SEULE TECHNOLOGIE FAIBLEMENT CARBONÉE CAPABLE D'ALIMENTER NOTRE ÉCONOMIE.
EN ATTENDANT DE MAÎTRISER LA FUSION !
AUJOURD'HUI, LE NUCLÉAIRE FOURNIT 5% DE L'ÉNERGIE PRIMAIRE DANS LE MONDE.
MAIS COMME ON L'A VU AU CHAPITRE PRÉCÉDENT, SI S'APPUYER SUR LA SEULE FISSION NUCLÉAIRE EST UN PROJET PEU RÉALISTE…
… ATTENDRE LA FUSION EST UN PARI ENCORE PLUS RISQUÉ !
COURAGE, PRINCESSE !
ME VOILÀ !
PLUSIEURS FACTEURS RENDENT LA RÉUSSITE DE CE PROJET IMPROBABLE…
OUPS…
J'avais faim, j'ai mangé la Princesse.
L'ogre
DANS LES FAITS, LA PÉRIODE DE DÉPLOIEMENT D'UNE ÉNERGIE EST DE PLUS EN PLUS LONGUE.
REMPLACER UNE ÉNERGIE PAR D'AUTRES PLUS RÉCENTES DEMANDE PLUS D'INFRASTRUCTURES…
… ET PLUS DE COMPÉTENCES TECHNIQUES AVANT QUE CELLES-CI SOIENT DÉPLOYÉES.

MAIS SURTOUT, LES ÉNERGIES FOSSILES CONTINUENT DE PROSPÉRER.

SI CES ÉNERGIES SE DÉVELOPPENT ENCORE, C'EST PARCE QU'AUCUNE AUTRE N'OFFRE LEURS AVANTAGES.

L'ÉOLIEN ET LE SOLAIRE SONT PLUS GOURMANDS EN RESSOURCES : ILS EXIGENT DE DÉPENSER PLUS D'ÉNERGIE POUR EN CAPTER...

... OU D'EXTRAIRE PLUS DE MATÉRIAUX...

IL EN AVAIT MARRE DE VOUS ATTENDRE...

CONSERVER UNE ÉNERGIE ABONDANTE CAPABLE D'IRRIGUER NOTRE SYSTÈME ÉCONOMIQUE N'EST PAS ASSURÉ.

ET SURTOUT, LE RECYCLAGE NOUS FERA ÉCONOMISER TOUTE L'ÉNERGIE NÉCESSAIRE À L'EXTRACTION DES RESSOURCES MINIÈRES.

L'ÉCONOMIE CIRCULAIRE EST UNE IDÉE INTÉRESSANTE...
?
AUJOURD'HUI, D'IMMENSES QUANTITÉS DE MATÉRIAUX EXTRAITS DU SOL ALIMENTENT LE SYSTÈME ÉCONOMIQUE.
CERTAINS FINISSENT SOUS FORME DE DÉCHETS, D'AUTRES CONSTITUENT LES OBJETS QUI NOUS ENTOURENT.
IL SERAIT DONC POSSIBLE DE LES RECYCLER INDÉFINIMENT EN TRANSFORMANT NOS POUBELLES EN MATIÈRES PREMIÈRES...
ET CES MATIÈRES PREMIÈRES EN PRODUITS DE CONSOMMATION.
IL EXISTE CEPENDANT DES LIMITES AU RECYCLAGE : SI CERTAINS MÉTAUX SE RECYCLENT PLUTÔT BIEN...
CUIVRE
... CE SONT SOUVENT DES MÉTAUX CHIMIQUEMENT PURS UTILISÉS POUR CERTAINES APPLICATIONS...
PLOMB
FER
... OU DES MÉTAUX QUI ONT UN INTÉRÊT ÉCONOMIQUE À ÊTRE RECYCLÉS.
RECYCLAGE CLUB
OR
ARGENT
MESSIEURS, PASSEZ UNE BONNE SOIRÉE.
BEAUCOUP DE MATÉRIAUX NE SONT PAS RÉINTÉGRÉS DANS LE SYSTÈME.
DÉGAGE, MINABLE !

RECYCLER L'INTÉGRALITÉ DE NOS DÉCHETS EST UN DÉFI.

DÉJÀ PARCE QUE CERTAINS MATÉRIAUX NE SONT PAS RECYCLABLES ACTUELLEMENT.

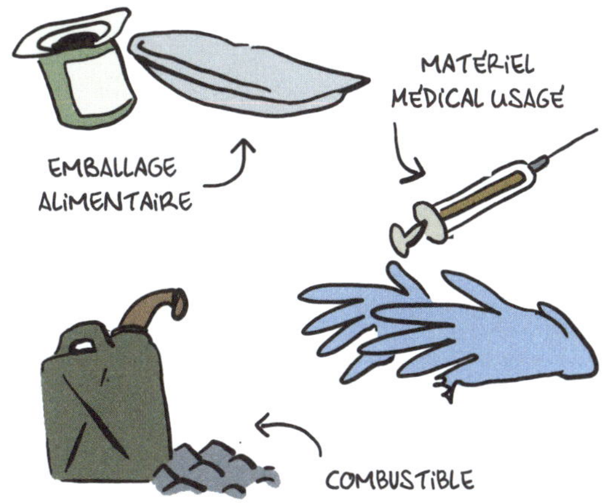

ENSUITE, LA COMPLEXITÉ DE NOS PRODUITS REND LE RECYCLAGE PLUS DIFFICILE.

(EN 2017, SUR 100 MILLIARDS DE TONNES DE RESSOURCES EXTRAITES, 22 MILLIARDS ÉTAIENT IRRÉCUPÉRABLES.)

MALHEUREUSEMENT, LE RECYCLAGE DOIT FAIRE FACE À DEUX PROBLÈMES MAJEURS...

D'ABORD, LA COMPLEXITÉ DE NOS PRODUITS EMPÊCHE DE RÉCUPÉRER FACILEMENT CHACUNE DES RESSOURCES.

À CAUSE DE LIMITATION TECHNIQUE OU TECHNOLOGIQUE, CERTAINS MÉTAUX CONTENUS DANS DES ALLIAGES DE HAUTE TECHNOLOGIE SONT DÉGRADÉS EN DE VULGAIRES TAS DE FERRAILLE.

MAIS LE RECYCLAGE DOIT AUSSI LUTTER CONTRE LES USAGES DISPERSIFS, DANGEREUX À LONG TERME CAR ILS SONT IMPOSSIBLES À RÉCUPÉRER.

C'EST LE CAS DU TITANE, UN MÉTAL UTILE POUR DE NOMBREUSES APPLICATIONS MAIS DONT 95% DE LA PRODUCTION EST UTILISÉE COMME COLORANT.

BIEN SÛR, GRÂCE AU PROGRÈS TECHNOLOGIQUE ET À UNE MEILLEURE GESTION DES DÉCHETS, LE TAUX DE RECYCLAGE POURRAIT ENCORE PROGRESSER.
POURTANT, IL RESTE UN DERNIER ÉLÉMENT À PRENDRE EN COMPTE...
POUR CROÎTRE, NOTRE ÉCONOMIE EXIGE DE PLUS EN PLUS DE MATÉRIAUX. MÊME SI ON POUVAIT RECYCLER TOUS NOS DÉCHETS...
... COMMENT POURRIONS-NOUS ASSURER LA CROISSANCE MATÉRIELLE SANS EXTRAIRE DE NOUVELLES RESSOURCES ?
IL EST NUL, VOTRE DÉFI, DOC !
COMMENT VOULEZ-VOUS QUE J'Y ARRIVE ?
DÉJÀ, IL FAUDRAIT REPENSER TOUTE LA CONCEPTION DE CES OBJETS.
FACILITER LEUR DÉMANTÈLEMENT ET LIMITER LES MATÉRIAUX COMPOSITES.
C'EST UN AUTRE GRAND DÉFI À RELEVER... AUJOURD'HUI, NOS BIENS NE SONT PAS PENSÉS POUR ÊTRE RECYCLÉS NI RÉPARÉS.
DOC ? ATTENDEZ !
J'EN FAIS QUOI, DE TOUT ÇA ?
DOC ?!
LAISSE TOMBER...

SI JUSQU'À PRÉSENT LE PROGRÈS TECHNOLOGIQUE A SURTOUT ESSAYÉ DE NOUS FACILITER LA VIE, IL N'A PAS CHERCHÉ À RÉDUIRE LES PRESSIONS SUR NOTRE ENVIRONNEMENT…

EN S'APPUYANT SUR L'INNOVATION POUR FAIRE DE LA CROISSANCE, ON A FAVORISÉ LE REMPLACEMENT ACCÉLÉRÉ DE NOS ÉQUIPMENTS.

À L'INVERSE, EN TRAVAILLANT À RENDRE NOS OBJETS PLUS DURABLES, ON RÉDUIRAIT MÉCANIQUEMENT LEUR PRODUCTION ET NOTRE IMPACT SUR LA NATURE…

MAIS CELA AFFECTERAIT LA CROISSANCE ET RALENTIRAIT L'INNOVATION.

DANS UN SYSTÈME DE PLUS EN PLUS COMPLEXE ET INTERCONNECTÉ, IL EST DIFFICILE DE PRÉVOIR TOUT CE QU'UNE NOUVELLE TECHNOLOGIE VA APPORTER.

MÊME QUAND LA TECHNOLOGIE CHERCHE À RÉPARER LES DÉSAGRÉMENTS CAUSÉS PAR DES TECHNOLOGIES ANTÉRIEURES...

... ELLE NE FAIT SOUVENT QUE DÉPLACER LE PROBLÈME EN AMONT.

LES CONSÉQUENCES NÉFASTES PEUVENT APPARAÎTRE PLUS TARD, ET REVENIR SUR CES ERREURS PEUT PRENDRE ENCORE PLUS DE TEMPS... SURTOUT SI ON DOIT ATTENDRE D'EN AMORTIR LE COÛT AVANT DE PENSER À S'EN SÉPARER.

D'ACCORD, DOC, TOUT N'EST PAS PARFAIT...
MAIS LA CROISSANCE VERTE N'IMPLIQUE PAS FORCÉMENT LA CROISSANCE MATÉRIELLE.
POUR LIMITER NOTRE IMPACT SUR L'ENVIRONNEMENT, ON PEUT AUSSI DÉVELOPPER L'ÉCONOMIE DE SERVICE.
T'AS L'AIR BIEN SÛR DE TOI...
DÉFI 5
VOUS POURRIEZ FAIRE MOINS DE BRUIT ?
DÉFI 6

QU'EST-CE QUE TU ATTENDS POUR LES ÉCRASER ?
ON S'EXCUSE POUR LE DÉRANGEMENT !
ATTENDEZ, JE N'EN AI PAS FINI AVEC VOUS !
VOUS M'AVEZ DÉRANGÉ DURANT MA SIESTE...
VOUS ALLEZ LE REGRETTER !
RÉPONDEZ À MA QUESTION ET JE VOUS AUTORISERAI À POURSUIVRE VOTRE CHEMIN.
À QUOI TU JOUES ?
ET SI ON ÉCHOUE ?
ON VA RÉUSSIR, VOUS ALLEZ VOIR.
JE SUIS PRÊT, MONSIEUR KONG !

AUJOURD'HUI DÉJÀ, LES ACTIVITÉS DE SERVICE OCCUPENT UNE PLACE IMPORTANTE DANS L'ÉCONOMIE DE NOMBREUX PAYS.

DESIGNER (AUTOMOBILE)

PUBLICITAIRE (AUTOMOBILE)

VENDEUSE (DE VOITURES)

BANQUIER (FINANCE L'INDUSTRIE AUTOMOBILE)

EN POURSUIVANT NOTRE DÉMATÉRIALISATION DE L'ACTIVITÉ, IL SERA THÉORIQUEMENT POSSIBLE DE DÉCOUPLER CROISSANCE ET IMPACTS ENVIRONNEMENTAUX.

À L'ÉCHELLE MONDIALE, RÉUSSIR À BASER L'ÉCONOMIE SUR LES SEULS SERVICES SERAIT TRÈS HYPOTHÉTIQUE.

MÊME LE RÊVE DE DÉMATÉRIALISER NOS ACTIVITÉS GRÂCE AU NUMÉRIQUE A VITE TOURNÉ AU CAUCHEMAR.

AUJOURD'HUI, UNE ACTIVITÉ COMME LE MINAGE DE CRYPTOMONNAIE CONSOMME AUTANT D'ÉLECTRICITÉ QU'UN PAYS COMME LA NORVÈGE !

L'ÉNERGIE ABONDANTE NOUS A AUTORISÉS À ÉLABORER DES STRUCTURES DE PLUS EN PLUS COMPLEXES ET ÉNERGIVORES.

LA DÉLOCALISATION DES ACTIVITÉS LES PLUS POLLUANTES VERS DES PAYS À FAIBLES NORMES ENVIRONNEMENTALES A PERMIS D'OBSERVER DANS CERTAINS PAYS UN DÉCOUPLAGE RELATIF ENTRE POLLUTION ET PIB.

AUJOURD'HUI, UN DÉCOUPLAGE RELATIF S'OBSERVE QUAND LE PIB AUGMENTE PLUS VITE QUE LES ÉMISSIONS DE GAZ À EFFET DE SERRE...

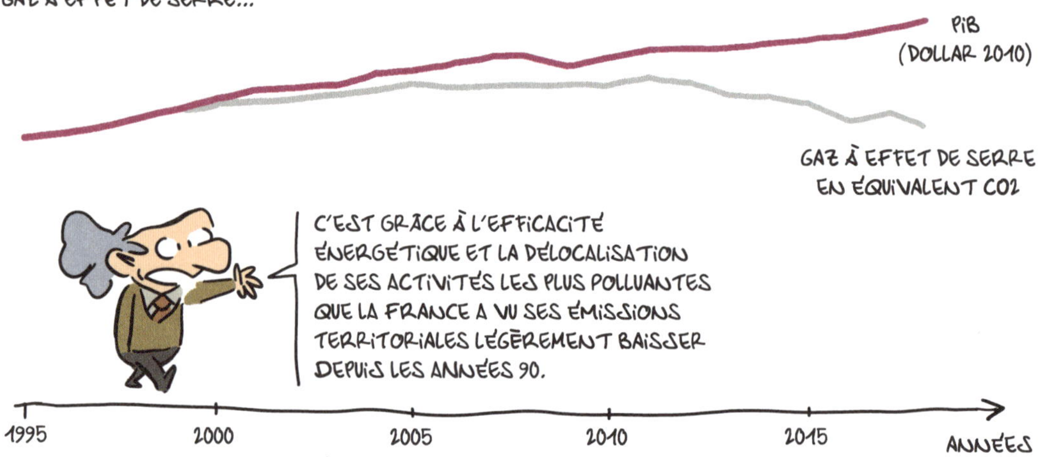

ÉVOLUTION DES ÉMISSIONS DE GAZ À EFFET DE SERRE ET DU PIB EN FRANCE (BASE 100 EN 1995)

MAIS LA CROISSANCE VERTE FAIT LA PROMESSE DU DÉCOUPLAGE ABSOLU ET PÉRENNE : L'AUGMENTATION DU PIB ET LA BAISSE DES GAZ À EFFET DE SERRE !

POUR MESURER LE CHEMIN QU'IL NOUS RESTE À PARCOURIR, INTÉRESSONS-NOUS À L'INTENSITÉ CARBONE.
L'INTENSITÉ CARBONE, C'EST LA QUANTITÉ DE CO2 ÉMISE PAR POINT DE PIB PRODUIT.
COMME NOTRE MIX ÉNERGÉTIQUE S'APPUIE MASSIVEMENT SUR LES ÉNERGIES FOSSILES, CETTE INTENSITÉ EST ENCORE ÉLEVÉE.
AUJOURD'HUI, GRÂCE À L'EFFICACITÉ ÉNERGÉTIQUE, L'INTENSITÉ CARBONE BAISSE EN MOYENNE DE 1% PAR AN DANS LE MONDE.
EN FRANCE, LA BAISSE TOURNE AUTOUR DES 2%.
C'EST LE TALENT !
ON DOIT NOTAMMENT CETTE BAISSE À LA DÉLOCALISATION DES ACTIVITÉS LES PLUS POLLUANTES MAIS AUSSI À DES POLITIQUES EN FAVEUR DU CLIMAT.
LE PROGRÈS TECHNIQUE ET LA VOLONTÉ POLITIQUE POURRAIENT DONC NOUS PERMETTE DE VISER LE DÉCOUPLAGE ABSOLU !
SI SEULEMENT...
RESPECTER L'ACCORD DE PARIS EXIGERAIT UN EFFORT BIEN PLUS CONSÉQUENT.
IL FAUDRAIT QUE L'INTENSITÉ CARBONE BAISSE D'ENVIRON 7% PAR AN AU NIVEAU MONDIAL !
MÊME LA FRANCE N'A PAS ATTEINT CETTE BAISSE DURANT SON PROGRAMME NUCLÉAIRE !
DANS UN LAPS DE TEMPS AUSSI COURT, IL SERA TRÈS DUR D'ATTEINDRE CET OBJECTIF.
ON N'EN A PAS FINI AVEC VOUS !
PAR ICI !

DOC, VOUS VOULEZ PAS NOUS SORTIR DE CE PÉTRIN ?!
BONNE IDÉE ! JE RETOURNERAIS BIEN DANS LE FUTUR POUR VOIR COMMENT ÉVOLUE TA PETITE COMMUNAUTÉ...
GRAAH !
DOC !
ON EST OÙ, LÀ ?
DANS L'UNIVERS OÙ TU AS DÉVELOPPÉ TON UTOPIE...
CAROLINE ?!
JE PEUX SAVOIR CE QUE DES INTRUS FONT DANS MON POTAGER ?

EN 1865, L'ÉCONOMISTE WILLIAM JEVONS PUBLIE UN ESSAI (*THE COAL QUESTION*) DANS LEQUEL IL EXPLIQUE QUE LA CONSOMMATION D'UNE RESSOURCE NE BAISSE PAS LORSQUE L'EFFICACITÉ ÉNERGÉTIQUE AUGMENTE...

JEVONS VENAIT DE METTRE EN LUMIÈRE LE PARADOXE QUI PORTE DÉSORMAIS SON NOM.

... ET DEVIENT PLUS ABORDABLE POUR L'ENSEMBLE DES CONSOMMATEURS.

MAIS EN SE DÉMOCRATISANT, L'ÉCONOMIE RÉALISÉE PAR L'EFFICACITÉ ÉNERGÉTIQUE PEUT ÊTRE ANNULÉE PAR LA FORTE AUGMENTATION DES USAGES... OU DES USAGERS !
1920
2020
C'EST LE CAS DE LA VOITURE COMME DE L'AVION.
EN MÊME TEMPS QUE LA CONSOMMATION DE CARBURANT PAR VOYAGEUR DIMINUE...
... LA PART DE L'AVIATION DANS LES ÉMISSIONS DE CO2 N'A CESSÉ D'AUGMENTER !
CE PHÉNOMÈNE D'AGGRAVATION DU PROBLÈME QU'ON CHERCHE À RÉSOUDRE EST APPELÉ "EFFET REBOND".
LA RESSOURCE ÉCONOMISÉE EST RÉAFFECTÉE AU MÊME USAGE POUR L'UTILISER PLUS SOUVENT...
... OU PLUS LONGTEMPS.
MAIS L'ÉCONOMIE RÉALISÉE PEUT AUSSI ÊTRE RÉINVESTIE DANS D'AUTRES BIENS OU SERVICES.
MAISON BASSE CONSOMMATION (ÉCONOME EN ÉNERGIE)
VOITURE DE SPORT (ÉNERGIVORE)
PARFOIS, LES EFFETS REBONDS SURGISSENT LÀ OÙ ON NE LES ATTEND PAS...
TU AS ENCORE ACHETÉ UNE TÉLÉ ?!
RASSURE-TOI, CHÉRIE, NOTRE ÉLECTRICITÉ EST DÉCARBONÉE.
EFFET PSYCHOLOGIQUE

DEVANT TOUS CES DÉFIS, COMMENT PRÉTENDRE PARVENIR UN JOUR AU DÉCOUPLAGE ABSOLU ?
DANS UN MONDE EN CROISSANCE, LES ÉCONOMIES RÉALISÉES SERONT TOUJOURS RÉAFFECTÉES À D'AUTRES USAGES.
COMMENT LE PROGRÈS TECHNOLOGIQUE POURRAIT À LUI SEUL NOUS SORTIR DE CETTE IMPASSE ?
NOUS DEVONS PRENDRE EN COMPTE NOTRE DÉPENDANCE À CERTAINES RESSOURCES LIMITÉES...
EN PLUS DE LA DIFFICULTÉ CROISSANTE À LES EXTRAIRE DE L'ENVIRONNEMENT...
... ALORS MÊME QUE NOTRE SYSTÈME EST DE PLUS EN PLUS ÉNERGIVORE ET COMPLEXE !
SANS COMPTER TOUS LES EFFETS REBONDS QU'ON SE REFUSE À REGARDER...
ÇA SUFFIT, DOC, J'AI COMPRIS...
DÈS QUE JE PENSE RÉSOUDRE LE PROBLÈME, D'AUTRES SURGISSENT !
JE VEUX JUSTE RENTRER CHEZ MOI, MAINTENANT.
J'ESPÈRE QU'ILS NE M'ONT PAS OUBLIÉ...

ON S'ADAPTE OU ON SUBIT ?

LA GRANDE ACCÉLÉRATION EST UN PHÉNOMÈNE APPARU AU COURS DU VINGTIÈME SIÈCLE CARACTÉRISÉ PAR L'EXPLOSION DES COURBES...
COURBE DE POPULATION
PIB
CONSOMMATION D'ÉNERGIE
ÉCHANGES COMMERCIAUX
OUHLALA... LA.
... MAIS AUSSI POLLUTION, CONSOMMATION DE RESSOURCES OU CONCENTRATION DE CO2 DANS L'AIR...
acidification des océans
CO2
?!
méthane
LES ÉNERGIES FOSSILES ONT TRANSFORMÉ EN PROFONDEUR NOTRE SYSTÈME.
ELLES ONT PERMIS LES RÉVOLUTIONS AGRICOLES ET INDUSTRIELLES...
FAVORISÉ LE PROGRÈS TECHNIQUE ET SCIENTIFIQUE.
GRÂCE À LEUR RENDEMENT EXCEPTIONNEL, NOTRE PROSPÉRITÉ A ATTEINT DES NIVEAUX JUSQU'ICI INÉGALÉS.
ON POURRAIT PENSER QUE NOTRE AVENIR EST RADIEUX...
POURTANT, UNE MENACE PLANE...
APPELEZ LA SÉCURITÉ !
LABORAT
SECRET

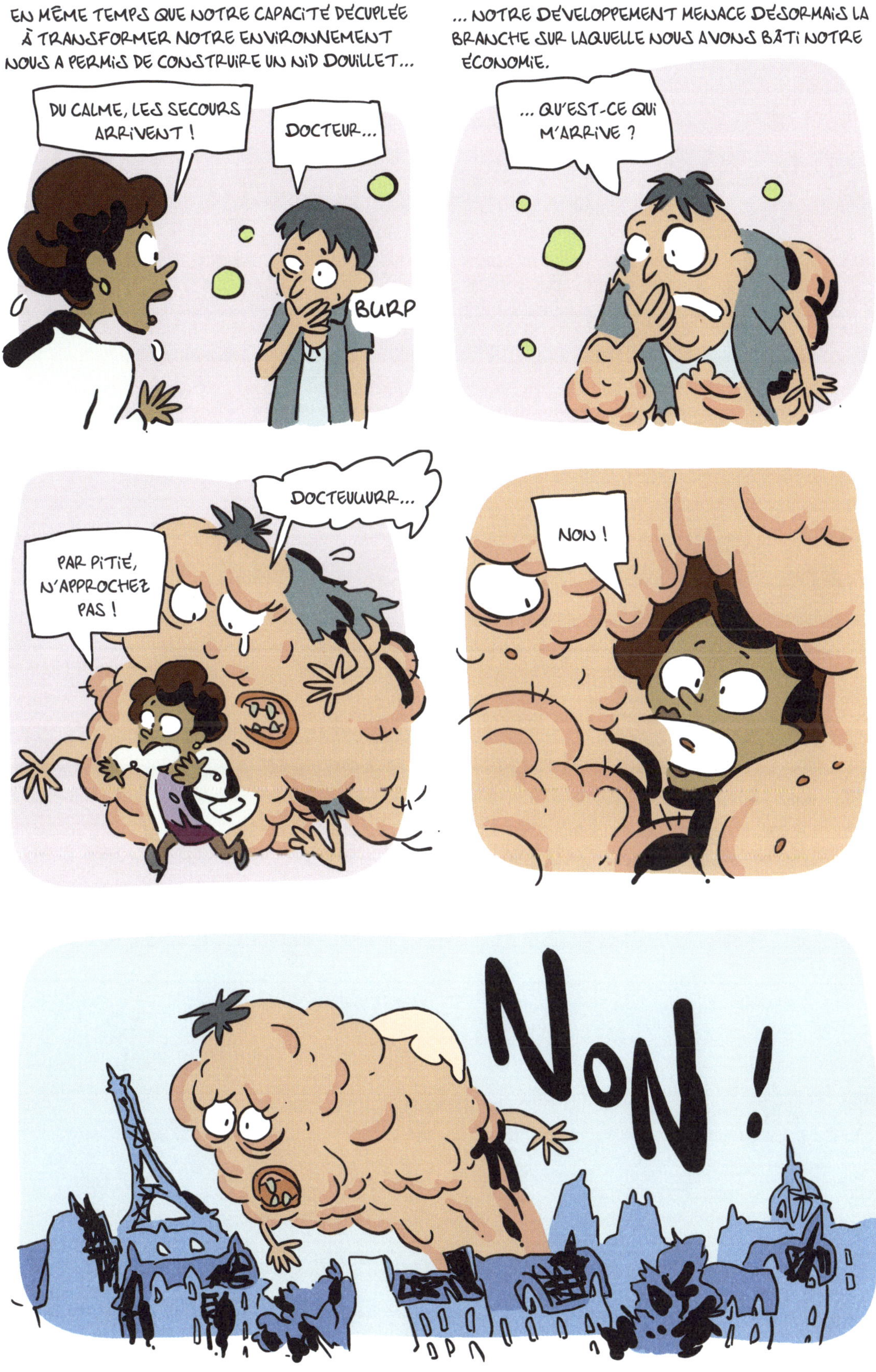
EN MÊME TEMPS QUE NOTRE CAPACITÉ DÉCUPLÉE À TRANSFORMER NOTRE ENVIRONNEMENT NOUS A PERMIS DE CONSTRUIRE UN NID DOUILLET...
DU CALME, LES SECOURS ARRIVENT !
DOCTEUR...
BURP
... NOTRE DÉVELOPPEMENT MENACE DÉSORMAIS LA BRANCHE SUR LAQUELLE NOUS AVONS BÂTI NOTRE ÉCONOMIE.
... QU'EST-CE QUI M'ARRIVE ?
DOCTEUUURR...
PAR PITIÉ, N'APPROCHEZ PAS !
NON !
NON !

L'HUMANITÉ EST ENTRÉE DANS CE QUE CERTAINS APPELLENT L'ANTHROPOCÈNE : UNE ÈRE DANS LAQUELLE L'ACTIVITÉ HUMAINE JOUE UN RÔLE CENTRAL DANS L'ÉVOLUTION DU SYSTÈME TERRE.

POUR MESURER NOTRE EMPRISE SUR NOTRE ÉCOSYSTÈME, UN ARTICLE PUBLIÉ DANS LA REVUE "NATURE" IDENTIFIE DIFFÉRENTES LIMITES À NE PAS DÉPASSER POUR NE PAS COMPROMETTRE NOTRE AVENIR.

CES LIMITES REPRÉSENTENT DES PROCESSUS NATURELS QUI RÉGULENT NOTRE BIOSPHÈRE.

CERTAINES LIMITES ONT DÉJÀ ÉTÉ FRANCHIES...

DEVANT CE DANGER, NOTRE SYSTÈME CHERCHE DES PARADES POUR PRÉSERVER SON INTÉGRITÉ.
ministère de l'économie
CANDIDAT SUIVANT !
DÉVELOPPEMENT DURABLE
MAIS COMME ON L'A VU DANS LES PRÉCÉDENTS CHAPITRES, LA RÉUSSITE DE LA CROISSANCE VERTE EST TRÈS INCERTAINE.
VOUS VERREZ, IL Y A PAS MAL DE BOULOT MAIS L'AMBIANCE EST SYMPA !
PASSER D'UNE CROISSANCE QUANTITATIVE À UNE CROISSANCE QUALITATIVE DEMANDE DE CHANGER NOS COMPORTEMENTS.
VOYONS... COMMENT RÉDUIRE NOTRE EMPREINTE ÉCOLOGIQUE SANS AFFECTER LA CROISSANCE ?
HOULA ?!
déni
passivité
effets rebonds
mauvais choix politiques
ET LA TRANSITION POSE AUSSI DE NOMBREUX PROBLÈMES TECHNIQUES...
système économique inadapté
transition énergétique lente
indicateur économique inapproprié
ALORS, CE PREMIER JOUR ?
HOULALALA...

LA DÉCARBONATION DE NOTRE ÉCONOMIE EST-ELLE VOUÉE À L'ÉCHEC ?

LE PROGRÈS TECHNOLOGIQUE PEUT NOUS FACILITER LA TÂCHE.

MAIS MISER UNIQUEMENT SUR LE PROGRÈS TECHNOLOGIQUE EST-IL RAISONNABLE ?

PAPA, FAUT QU'ON CAUSE !
?
QU'EST-CE QUE J'AI FAIT, ENCORE ?
QUAND JE T'AI DEMANDÉ DE RETROUVER ARNAUD, CE N'ÉTAIT PAS POUR ME LE RAMENER DANS CET ÉTAT !
QU'EST-CE QUE TU LUI A MIS DANS LE CRÂNE ?
NE SOIS PAS DUR AVEC TON PÈRE...
IL M'A OUVERT LES YEUX SUR NOTRE AVENIR.
ARRÊTE AVEC TES SALADES !
RETIRE CETTE BARBE POSTICHE !
JE LUI AI JUSTE MONTRÉ OÙ MENAIT SA CROISSANCE VERTE.
LA CROISSANCE AVAIT DISPARU.
POUF ! ENVOLÉE !
ET IL Y AVAIT QUOI À LA PLACE ?
TU PLANTAIS DES RADIS.

IL N'EST PAS QUESTION QUE JE VIVE DANS UN MONDE SANS CROISSANCE !
C'EST PAS LA MORT, TU SAIS...
POURQUOI JE DEVRAIS ME SERRER LA CEINTURE ALORS QUE D'AUTRES POLLUENT À L'AUTRE BOUT DE LA PLANÈTE ?
HEY ! C'EST À QUI QUE TU CAUSES ?!
3
1
2
UNION EUROPÉENNE
CHINE
ÉTATS-UNIS
(CLASSEMENT DES ÉMISSIONS DE CO2 PAR RÉGION ET PAR AN)
BONNE QUESTION !
LA SITUATION SERAIT-ELLE DIFFÉRENTE SI NOUS N'AVIONS PAS À GÉRER L'URGENCE CLIMATIQUE ?
LE TEMPS JOUE MALHEUREUSEMENT EN NOTRE DÉFAVEUR...
BIEN SÛR, LA CHINE CONTINUE D'AVOIR UNE CROISSANCE SOUTENUE GRÂCE À SES MINES DE CHARBON.
ET LES ÉTATS-UNIS PROFITENT DE LEUR GAZ DE SCHISTE POUR ALIMENTER LEUR ÉCONOMIE.
$
POURTANT, L'EUROPE AURAIT TOUT INTÉRÊT À RÉDUIRE SA GRANDE DÉPENDANCE AUX ÉNERGIES FOSSILES...
PARCE QUE NOTRE APPROVISIONNEMENT VA BAISSER...
... ET PARCE QUE NOUS DEVONS LIMITER LE RÉCHAUFFEMENT !
MAIS ALORS QUE L'UTILISATION DE CES ÉNERGIES AVAIT PERMIS NOTRE DÉVELOPPEMENT...
... LEURS REMPLAÇANTES DEMANDENT PLUS D'INVESTISSEMENT SANS OFFRIR LES MÊMES AVANTAGES.

LEUR TAUX DE RETOUR ÉNERGÉTIQUE EST PLUS FAIBLE. DÉVELOPPER ET MAINTENIR UN SYSTÈME ÉCONOMIQUE COMPLEXE EST PLUS COÛTEUX.

EN EUROPE, LE SYSTÈME MARQUE DES SIGNES D'ESSOUFFLEMENT.

ET DEPUIS 2008, DE NOMBREUSES ÉCONOMIES EUROPÉENNES N'ONT PAS RETROUVÉ LEUR NIVEAU DE PROSPÉRITÉ.

ET ÇA, C'ÉTAIT AVANT L'APPARITION D'UNE CERTAINE CRISE SANITAIRE...

NOTRE SYSTÈME EST MALADE PARCE QUE LA CROISSANCE SUR LAQUELLE IL S'EST CONSTRUIT NE PERMET PLUS DE L'ALIMENTER CORRECTEMENT.

APRÈS LA GRANDE ACCÉLÉRATION POURRAIT SURVENIR LA CHUTE...

PAR CHANCE, LES SOLUTIONS SONT LES MÊMES POUR SE DÉSINTOXIQUER DES ÉNERGIES FOSSILES ET LUTTER CONTRE LE RÉCHAUFFEMENT CLIMATIQUE.

MAIS SI LES EFFORTS INDIVIDUELS SONT LOUABLES...

... ILS NE SERONT PAS SUFFISANTS...

L'ESSENTIEL DE LA RÉDUCTION DE NOS ÉMISSIONS DÉPENDRA DE LA CAPACITÉ DU SYSTÈME À SE RÉFORMER.

VOUS M'ENNUYEZ AVEC VOTRE SYSTÈME...
VOUS N'AVEZ QUE CE MOT À LA BOUCHE !
JE VAIS LUI DIRE CE QUE JE PENSE, MOI !
?
CAROLINE, ATTENDS !
BAAAH !
?!
C'EST QUI, CE TYPE ?
LE SYSTÈME...
NOUS AVONS DÛ PERDRE LE CONTRÔLE...
DOC...
GRAAAAA !
FAITES QUELQUE CHOSE !

FACE À LA MENACE, PLUSIEURS CHOIX S'OFFRENT À NOUS.
PAR OÙ ON VA ?
DÉPÊCHEZ-VOUS !
CROISSANCE VERTE
DÉCROISSANCE SUBIE
PRISE EN COMPTE DES PROBLÈMES
SOLUTIONNISME TECHNOLOGIQUE
CERTAINS IMAGINAIRES INVITENT À L'INACTION OU AFFIRMENT L'INÉLUCTABILITÉ DE LA CATASTROPHE...
LE MONDE VA S'ÉCROULER.
LA FAMINE ET LA MALADIE NOUS EMPORTERONT !
IL EST TROP TARD POUR AGIR !
... QUAND D'AUTRES ENVISAGENT UN AVENIR RADIEUX AVEC UN MINIMUM D'EFFORTS DE NOTRE PART...
LA TECHNOLOGIE PARVIENDRA À RÉSOUDRE TOUS NOS PROBLÈMES.
J'AI MOI-MÊME CRÉÉ UNE APPLICATION POUR ÉLIMINER LE CO2 DE L'ATMOSPHÈRE.
?!
ERREUR SYSTÈME, VEUILLEZ REDÉMARRER VOTRE APPAREIL...

POURTANT, PRÉPARÉ OU SUBI, LE CHANGEMENT FINIRA PAR SURVENIR.

AUJOURD'HUI, DEVANT L'URGENCE, D'AUTRES MODÈLES ÉCONOMIQUES APPARAISSENT.

SI À L'AVENIR LA CROISSANCE N'EST PLUS ACQUISE, COMMENT NOTRE MODÈLE ÉCONOMIQUE DOIT-IL ÉVOLUER ?

IL VA NOUS FALLOIR UN SYSTÈME PLUS RÉSILIENT, CAPABLE DE RÉSISTER AUX CONSÉQUENCES IMPRÉVISIBLES DU CHANGEMENT CLIMATIQUE...
ÇA ON GARDE...
ÇA ON PEUT JETER...
(PRODUCTIONS TOXIQUES POUR L'ENVIRONNEMENT OU LA COHÉSION SOCIALE)
(BESOINS SOCIAUX)
... ET MOINS DÉPENDANT DES ÉNERGIES FOSSILES...
SYRIE
VENEZUELA
1$
... AVEC UN INDICATEUR ÉCONOMIQUE CAPABLE DE MIEUX REPRÉSENTER NOTRE ACTIVITÉ.
SORTEZ-LE D'ICI !
COMMENT ON M'A RECONNU ?
VOUS VOULEZ ME METTRE...
... AU RÉGIME ?
GAAAH !

IL VA TOUT DÉTRUIRE !
PAPA, FAIS QUELQUE CHOSE !
D'ACCORD...
ESSAYEZ DE L'OCCUPER, JE VAIS CHERCHER QUELQU'UN !
ATTENDEZ, VOUS NOUS ABANDONNEZ ?
BAM
ME TOUCHE PAS, SALE BÊTE !
ALORS, VOUS ARRIVEZ À GÉRER LA SITUATION ?
PIB ?
C'EST LUI, LA SOLUTION ?
ÉVIDEMMENT, VOUS VOUS ATTENDIEZ À QUI ?
JE SUIS LE PLUS QUALIFIÉ POUR GÉRER CE GENRE DE PROBLÈME.
NOUS... NOUS SOMMES PERDUS...
VENEZ M'AIDER, AU LIEU DE JACTER !

UNE AUTRE VOIE EST-ELLE POSSIBLE ?

LES MÉTASTASES SE RÉPANDENT SUR TOUTE LA PLANÈTE.
EN PROVINCE, LA SITUATION EST HORS DE CONTRÔLE.
MONSIEUR LE PRÉSIDENT, NOUS DEVONS AGIR...
... MAINTENANT !
QUELLES SONT VOS RECOMMANDATIONS, GÉNÉRAL ?
INSTAUREZ LA LOI MARTIALE !
NOUS DEVONS RÉTABLIR L'ORDRE !
ÇA VA RELANCER L'ÉCONOMIE, VOUS CROYEZ ?
ET SI NOUS NE FAISONS RIEN ?
LES MÉTASTASES VONT CONTINUER À PROLIFÉRER...
SI NOUS N'AGISSONS PAS RAPIDEMENT, LE SYSTÈME POURRAIT S'EFFONDRER SOUS SON PROPRE POIDS...
... ET NOUS ENTRAÎNER AVEC LUI...

TRANSITER VERS D'AUTRES ÉNERGIES POURRAIT MODIFIER EN PROFONDEUR NOTRE SOCIÉTÉ.
MAIS DE PAREILS CHANGEMENTS ONT DÉJÀ EU LIEU DANS LE PASSÉ.
NOS SOCIÉTÉS DÉMOCRATIQUES SE SONT LARGEMENT CONSTRUITES SUR LES BÉNÉFICES APPORTÉS PAR LES ÉNERGIES CARBONÉES.
SYRIE
IRAK
ARABIE SAOUDITE
D'ABORD GRÂCE AU CHARBON DONT LES MINEURS CONTRÔLAIENT LE FLUX.
VOUS VOULEZ QUOI ?
CRÉER UN SYNDICAT.
ET FONDER UN PARTI POLITIQUE QUI DÉFEND NOS INTÉRÊTS.
MAIS ENSUITE GRÂCE AU PÉTROLE DONT LES QUALITÉS NOUS ONT APPORTÉ LA PROSPÉRITÉ.
ON N'EST PAS BIEN, LÀ ?
EN ÉCHANGE D'UNE PERTE DE POIDS POLITIQUE...
ET ON VOUDRAIT UNE AUGMENTATION, AUSSI.
C'EST ÇA... ON ÉTUDIERA VOTRE PROPOSITION.
(IMPORTATEUR)
... DEMAIN, NOUS ALLONS DEVOIR FAIRE SANS LES ÉNERGIES FOSSILES.
COMMENT NOS SOCIÉTÉS POURRAIENT-ELLES ÉVOLUER ?
COOPÉRATION
CONCENTRATION URBAINE
DÉCENTRALISATION
RÔLE DE L'ÉTAT
DÉPENDANCE
AUTONOMIE
CENTRALISATION

L'URGENCE CLIMATIQUE NOUS IMPOSE CERTAINS CHOIX.
GREEN NEW DEAL
PACTE VERT POUR L'EUROPE
RÉVOLUTION VERTE CHINOISE
POUR L'ESSENTIEL, CES PROGRAMMES S'APPUIENT SUR LA CROISSANCE VERTE.
MAIS QUE SE PASSERAIT-IL SI CETTE CROISSANCE N'ÉTAIT PAS AU RENDEZ-VOUS ?
QU'EST-CE QUE VOUS RACONTEZ ?
ARRIVÉ À LA FIN DU RÉCIT, L'HYPOTHÈSE N'EST PAS SI FARFELUE...
MONSIEUR LE PRÉSIDENT, LE CLIMAT S'EMBALLE !
NOUS N'AURONS PEUT-ÊTRE BIENTÔT PLUS LES MOYENS DE FAIRE FACE AU CHANGEMENT !
LA DÉMOCRATIE NE TIENDRA PLUS LONGTEMPS !
NOS RÉGIMES POLITIQUES FONT FACE À UNE MENACE SYSTÉMIQUE.
ÇA VA ALLER MONSIEUR LE PRÉSIDENT ?
À VOTRE AVIS ?
SI NOUS NE VOULONS PAS LES VOIR S'EFFONDRER, IL SERAIT SAGE QUE NOUS PARVENIONS COLLECTIVEMENT À SURMONTER CETTE ÉPREUVE.
AU SECOURS !

DOC... FAITES QUELQUE CHOSE !
PIB ! ACTIVE TON PROTOCOLE D'URGENCE !
PROTOCOLE ACTIVÉ, J'ATTENDS VOS ORDRES, DOCTEUR.
SAUVE LA TERRE !
DÉBARASSE-NOUS DE CETTE CRÉATURE !
PAS DE PROBLÈME !
HEY, TOI, ÇA TE DIRAIT DE BOIRE AVEC MOI ?
?!
AARGH

C'EST INCROYABLE...
LE SYSTÈME S'EST STABILISÉ !
QU'EST-CE QUI S'EST PASSÉ ?
DOC, COMMENT AVEZ-VOUS FAIT ?
FACILE, IL AVAIT TOUS LES SYMPTÔMES DU MANQUE...
LUI REDONNER DE L'ÉNERGIE A DESSÉCHÉ SES MÉTASTASES.
T'AS DÉJÀ TOUT BU ?
ENCORE, S'IL VOUS PLAÎT...
VENEZ, MON GARÇON...
JE CONNAIS QUELQU'UN QUI POURRA VOUS SOIGNER...
DOCTEUR, ON NOUS A AMENÉ UN CAS INTÉRESSANT.
?

EN MAXIMISANT SA CONSOMMATION D'ÉNERGIE, NOTRE SYSTÈME ÉCONOMIQUE EST DEVENU TRÈS EFFICACE POUR CRÉER DE LA RICHESSE.

MAIS CETTE FORCE EST AUSSI DEVENUE SA FAIBLESSE... POUR CONTINUER DE CROÎTRE ET MAINTENIR SA STABILITÉ, LE SYSTÈME A DÛ CONSOMMER SANS CESSE PLUS DE RESSOURCES.

EN MAXIMISANT LES BÉNÉFICES DE SA CONSOMMATION, NOTRE SYSTÈME A PAR EXEMPLE ACCÉLÉRÉ LA DÉPLÉTION DES ÉNERGIES OFFRANT LES MEILLEURS RENDEMENTS.

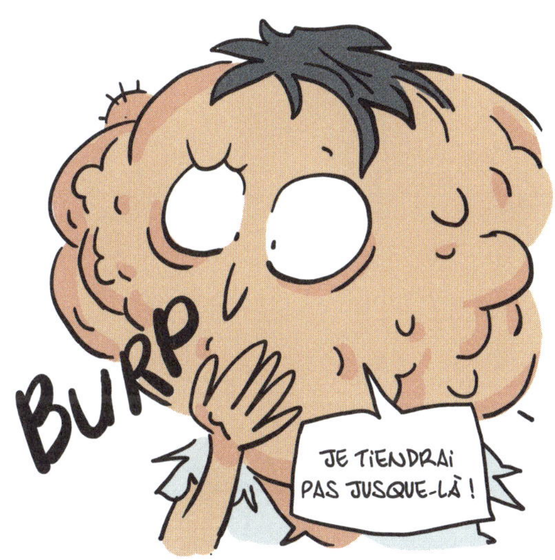

POUR ASSURER NOTRE DÉVELOPPEMENT, NOUS AVONS FAÇONNÉ UN SYSTÈME ÉCONOMIQUE FAVORISANT LA COMPÉTITION ET LES INÉGALITÉS.

CETTE VOIE NOUS A AMENÉ UNE CERTAINE PROSPÉRITÉ ET A FACILITÉ L'ADAPTATION DE LA SOCIÉTÉ À UN PROGRÈS TECHNIQUE DE PLUS EN PLUS RAPIDE.

POURTANT, AVEC LA BAISSE DE DISPONIBILITÉ D'ÉNERGIE À HAUT RENDEMENT, NOTRE CROISSANCE N'EST PLUS ACQUISE AUJOURD'HUI.

FAUTE DE RÉACTION, NOTRE MODÈLE POURRAIT S'EFFONDRER SI NOUS NE TROUVONS PAS RAPIDEMENT UNE ALTERNATIVE.

JUSQU'À AUJOURD'HUI, VOUS MANGIEZ N'IMPORTE QUOI...
PARCOURANT LE MONDE À LA RECHERCHE DE LA MOINDRE SOURCE D'ÉNERGIE.
MAIS SAVEZ-VOUS POURQUOI ?
POUR TROUVER DE NOUVEAUX LEVIERS DE CROISSANCE !
Économie de la post-croissance
ET MAINTENANT QUE VOUS N'EN TROUVEZ PLUS AUTANT ?
EH BIEN...
VOUS ALLEZ DEVOIR PENSER À OPTIMISER VOTRE APPORT D'ÉNERGIE...
... ET GÉRER LA RÉDUCTION DES BIENS PRODUITS.
VOUS PENSEZ QUE JE PEUX Y ARRIVER ?
?
ATTENDEZ, C'EST LA RÉCESSION, ÇA !
MA FILLE N'A PAS L'AIR CONVAINCUE...

C'EST VRAI, DANS LE MODÈLE ACTUEL, TOUTE BAISSE DU PIB EST UN VRAI PROBLÈME.
LA DÉCROISSANCE EST LE LUXE DE CEUX QUI PEUVENT SE PERMETTRE DE S'APPAUVRIR.
POUR LES CLASSES POPULAIRES, C'EST UN DÉSASTRE !
(NICOLAS BOUZOU, ESSAYISTE, MAI 2020)
MAIS UNE CHUTE BRUTALE DU PIB, SUBIE ET NON PRÉPARÉE, SERAIT BIEN PLUS CATASTROPHIQUE...
J'AI PERDU DIX KILOS EN FAISANT DU SPORT !
MOI AUSSI, J'AI PERDU DIX KILOS...
PUISQUE LES HYPOTHÈSES DE STAGNATION OU DE RÉCESSION NE SONT PAS À ÉCARTER, LE MOMENT EST PEUT-ÊTRE VENU DE S'INTÉRESSER AUX ALTERNATIVES DISPONIBLES...
VOUS NE VOULEZ VRAIMENT PAS DE NOTRE AIDE ?
CES GENS SONT DES PROFESSIONNELS, ILS SONT PARFAITEMENT CAPABLES DE GÉRER LA SITUATION !
JE COMPRENDS...
NOUS N'ALLONS PAS VOUS DÉRANGER PLUS LONGTEMPS...
ATTENDEZ, NE PARTEZ PAS !

EN PRIVILÉGIANT UNE APPROCHE PLUS QUALITATIVE DE L'ÉCONOMIE, LA POST-CROISSANCE DEVRAIT CEPENDANT RÉSOUDRE CERTAINS DÉFIS.
PAR EXEMPLE, COMMENT FAIRE RECULER LA PAUVRETÉ ?
ET QUEL PROGRÈS TECHNOLOGIQUE POUVONS-NOUS ESPÉRER ?
RÉDUIRE L'EMPREINTE MATÉRIELLE DES PAYS RICHES PERMETTRAIT D'ALLOUER UNE PARTIE DE CES RESSOURCES AUX PAYS LES PLUS PAUVRES.
ET POUR LES PAYS LES PLUS EXPOSÉS AU RÉCHAUFFEMENT CLIMATIQUE, POUVOIR S'ADAPTER À CES NOUVELLES CONDITIONS.
EN PLUS, LA RÉAFFECTATION DE CES RESSOURCES RÉPONDRAIT À UN IMPÉRATIF DE JUSTICE ENVIRONNEMENTALE...
AUJOURD'HUI, LES 10% LES PLUS RICHES CONTRIBUENT À LA MOITIÉ DES ÉMISSIONS DE CO2 !
QAUND LES 50% LES PLUS PAUVRES ÉMETTENT 4% DES ÉMISSIONS !
DÉVELOPPER LES RÉGIONS LES PLUS FRAGILES PERMETTRA AUSSI DE LIMITER LES DÉPLACEMENTS DE POPULATIONS...
... ET LES FRICTIONS QUI EN DÉCOULENT...
CLOSED

AINSI, UNE ÉCONOMIE DE POST-CROISSANCE CHERCHERAIT AVANT TOUT À PLANIFIER L'UTILISATION DE L'ÉNERGIE ET DES RESSOURCES.
POUR PRÉSERVER LA COHÉSION SOCIALE...
RÉTABLIR L'ÉQUILIBRE ENTRE ÉCONOMIE ET NOTRE ENVIRONNEMENT...
ET RÉPONDRE AUX NOUVELLES CONTRAINTES QUE SUBIT LE SYSTÈME...
EN UN MOT, DÉVELOPPER UNE ÉCONOMIE RAISONNÉE DANS LE CADRE PHYSIQUE DANS LEQUEL NOUS ÉVOLUONS !
CE CHANGEMENT DE PARADIGME SUPPOSE ÉVIDEMMENT DE SE DÉBARASSER DU PIB COMME SEUL INDICATEUR ÉCONOMIQUE...
CUI
CUI
ALLEZ-VOUS-EN, LES PIAFS !
... ET DE TOUTE CROISSANCE QUI REPOSERAIT SUR CET INDICATEUR...
LA POST-CROISSANCE, C'EST QUOI, ÇA ?
L'HEURE EST PEUT-ÊTRE VENUE DE FAIRE DES CHOIX...

D'UN CÔTÉ, L'UTOPIE ÉCO-MODERNISTE AMBITIONNE D'OFFRIR À TOUS UN MEILLEUR AVENIR SANS CHANGER RADICALEMENT NOS MODES DE VIE.

MÊME SI AUJOURD'HUI, LES PLUS FRAGILES D'ENTRE NOUS SUBISSENT DÉJÀ LA DOUBLE CONTRAINTE DU CLIMAT ET DE LA DÉCRUE ÉNERGÉTIQUE...

... AVEC LES CONSÉQUENCES QUE L'ON ENTREVOIT...

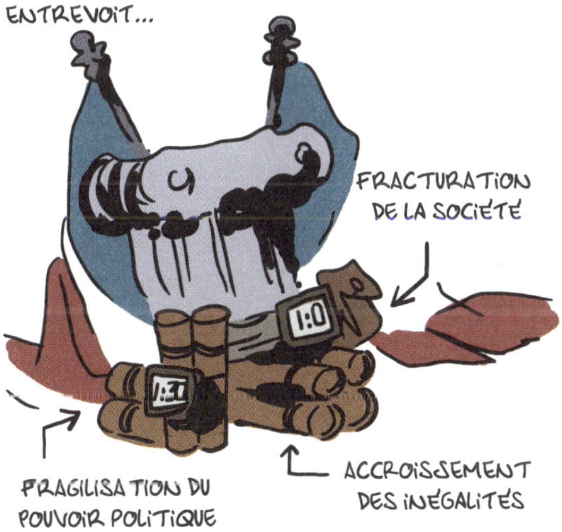

CONSÉQUENCES QUI POURRAIENT S'AGGRAVER SI LES HYPOTHÈSES DE CROISSANCE VERTE NE SE VÉRIFIAIENT PAS...

À QUOI RESSEMBLERAIT L'AVENIR DANS UN MONDE DE POST-CROISSANCE ?

ON PEUT CEPENDANT SE DEMANDER COMMENT ÉVOLUERAIENT NOS SOCIÉTÉS SOUS CES NOUVELLES CONTRAINTES...

MAIS D'AUTRES QUESTIONS TOUT AUSSI IMPORTANTES SE POSENT.

SI LE TEMPS PRESSE, L'INNOVATION RESTE HEUREUSEMENT NOTRE ALLIÉE.

BIEN SÛR, LE DÉFI EST IMMENSE...

LA DIFFICULTÉ POURRAIT MÊME EN REBUTER CERTAINS...

POURTANT, UN AUTRE AVENIR EST POSSIBLE...

POUR ALLER PLUS LOIN

Jean-Marc Jancovici, *Cours à l'école des Mines*, consultable sur Youtube, 2019.

Donella et Dennis Meadows, *Les Limites à la croissance (dans un monde fini)*, Rue de l'échiquier, 2017.

Olivier Vidal, *Matières premières et énergie, les enjeux de demain*, ISTE Éditions, 2018.

Philippe Bihouix, *L'Âge des low tech : vers une civilisation techniquement soutenable*, Seuil, 2014.

Le rapport "Decoupling Debunked", du Bureau européen de l'environnement, à propos des hypothèses improbables de découpable sur lesquelles repose la croissance verte : *https://eeb.org/library/decoupling-debunked/* (en anglais uniquement).

Et pour celles et ceux qui s'intéressent aux notions de post-croissance et de décroissance :

Serge Latouche, *La Décroissance*, Que sais-je- PUF, 2022.

Dominique Méda, *La Mystique de la croissance*, Champs actuel, Flammarion, 2014.

Denis Bayon, Fabrice Flipo, François Schneifer, *La Décroissance : 10 questions pour comprendre et débattre*, La Découverte, 2012.

Vincent Liegey, *La Décroissance, Fake or not ?*, Tana Éditions, 2021.

Tim Jackson, *Prospérité sans croissance. Les fondations pour l'économie de demain*, De Boeck Supérieur, 2017.

SOURCES DES GRAPHIQUES

p.13 : *https://donnees.banquemondiale.org/indicator/NY.GDP.MKTP.CD*

p.19, graph 1 : *https://donnees.banquemondiale.org/indicateur/NY.GDP.MKTP.CD?locations=CN-FR*

p.19, graph 2 : *Shift Project* sur le rapport entre l'énergie consommée en milliards de tonnes d'équivalent pétrole et le PIB en milliers de milliards de dollars.

p.20 : "BP Statistical Review of World Energy 2020" *: https://www.connaissancedesenergies.org/les-chiffres-cles-de-lenergie-dans-le-monde-en-2019-200617 https://www.connaissancedesenergies.org/rappels-sur-la-situation-energetique-des-etats-unis-en-quelques-chiffres-cles-220218 https://www.connaissancedesenergies.org/questions-et-reponses-energies/energie-primaire-et energie-finale-en-france-quelle-difference*

p.28 : *https://donnees.banquemondiale.org/indicator/NY.GDP.MKTP.KD.ZG*

p.36 : Donella et Dennis Meadows, *Les Limites à la croissance (dans un monde fini)*, Rue de l'échiquier, 2017.

p.41 et 42 : graphiques simplifiés à partir des graphiques et observations décrits dans le chapitre 3 de *Matière première et énergie, les enjeux de demain*, Olivier Vidal, ISTE Éditions, 2018 (pages 28, 26, 39).

p.43 : *https://www.senat.fr/rap/r12-658/r12-6582.html*

p.56 : 5e rapport d'évaluation du GIEC, 2014.

p.59 : *https://fr.wikipedia.org/wiki/Taux_de_retour_%C3%A9nerg%C3%A9tique*

p.66 : rapport du *Shift Project* sur l'approvisionnement en pétrole de l'Europe : *https://theshiftproject.org/article/nouveau-rapport-approvisionnement-petrolier-europe/*

p.69 : Haut conseil pour le climat, "Maîtriser l'empreinte carbone de la France", rapport de 2020 : *https://www.hautconseilclimat.fr/wp-content/uploads/2020/10/hcc_rapport_maitriser-lempreinte-carbone-de-la-france-1.pdf*

p.75, case 5 : sur le mix électrique allemagne en 2018 : *https://www.connaissancedesenergies.org/allemagne-un-mix-electrique-plus-renouvelable-que charbonneux-en-2018-220218*

p.76, case 3 : *https://fr.wikipedia.org/wiki/Liste_des_pays_par_production_de_charbon*

p.79, case 1 : sur les scénarios RTE pour 2050 : *https://www.rte-france.com/analyses-tendances-et-prospectives/bilan-previsionnel-2050-futurs-energetiques#Lesresultatsdeletude*

p.86 : BP Statistical Review of World Energy 2020 : *https://www.connaissancedesenergies.org/les-chiffres-cles-de-lenergie-dans-le-monde-en-2019-200617*

p.103, case 3 : «Circularity gap report 2020», pages 18 et 19, consultable ici : *https://www.circularity-gap.world/2022? gclid=Cj0KCQiA09eQBhCxARIsAAYRiymK0LkD7XJyxi_WxzihwM2LxTvE9o4pH0C4GLc1ix0 0lpBHyvuXgpkaAhfsEALw_wcB#Download-the-report*

p.126 : classement des émissions de CO2 liées à l'énergie par pays (+ Union européenne) en 2013 : *https://fr.wikipedia.org/wiki/Liste_des_pays_par_%C3%A9missions_de_dioxyde_de_carbone*

p.128 : empreinte carbone moyenne d'un Français en 2019 : *https://www.hautconseilclimat.fr/wp-content/uploads/2021/09/HCC_Rapport_GP_202*

BIBLIOGRAPHIE

Les multiples publications du Groupe d'experts intergouvernemental sur l'évolution du climat (GIEC) :
https://www.ipcc.ch/languages-2/francais/publications/
(Les publications à l'intention des institutions sont les plus simples à aborder.)

Les publications du *Shift Project* sur les problématiques liées à l'énergie et à la décarbonation de notre économie :
https://theshiftproject.org/

Les rapports du Haut conseil pour le climat (HCC) :
https://www.hautconseilclimat.fr/publications/

Les rapports de l'Agence de l'environnement et de la maîtrise de l'énergie (ADEME) :
https://www.ademe.fr/

Un grand merci à mes relecteurs pour leurs conseils et leur disponibilité :
Timothée Parrique (docteur en économie, spécialiste de la décroissance) et Rodolphe Meyer (ingénieur, docteur en science de l'environnement, vulgarisateur scientifique sur les problèmes de l'environnement et du changement climatique et créateur de la chaine Youtube Le Réveilleur).
Je remercie également Marc et Dominique pour leur soutien.
Et enfin, merci à Alix, Lorène et à toute l'équipe Delcourt sans qui ce projet n'aurait pu voir le jour.

Anthony Auffret

Du même auteur, aux Éditions Casterman :
- *Les Archéologues de l'interdit* (deux volumes)

Éditrice : Alix de Sanderval

Dépôt légal : mai 2022. ISBN : 978-2-413-04359-1
Première édition

Conception graphique : Studio Delcourt/Soleil

Achevé d'imprimer en avril 2022
sur les presses de l'imprimerie Pollina, à Luçon, France

www.editions-delcourt.fr